Menyembah
Dalam Roh dan Kebenaran

Penyembahan Kerohanian

Dr. Jaerock Lee

*"Tetapi waktunya akan datang, malahan sudah datang,
bahawa penyembah-penyembah benar akan menyembah
Bapa dalam roh dan kebenaran;
sebab Bapa menghendaki penyembah-penyembah demikian.
Tuhan itu Roh dan barang siapa menyembah Dia
harus menyembah-Nya dalam roh dan kebenaran."
(Yohanes 4:23-24)*

Menyembah dalam Roh dan Kebenaran oleh Dr. Jaerock Lee
Diterbitkan oleh Urim Books (Wakil: Johnny. H. Kim)
235-3, Guro-dong 3, Guro-gu, Seoul, Korea
www.urimbooks.com

Semua Hak Cipta Terpelihara. Keseluruhan atau sebahagian buku ini tidak boleh diterbitkan semula dalam apa jua bentuk, disimpan dalam sistem dapatan semula, disebarkan dalam apa jua bentuk atau dengan apa jua cara, biarpun secara elektronik, mekanikal, fotokopi, rakaman atau lain-lain cara, tanpa dahulunya memperolehi kebenaran bertulis daripada penerbit.

Kecuali dinyatakan sebaliknya, semua petikan Kitab diambil dari ALKITAB BERITA BAIK, Edisi Kedua, 2001, Hak Cipta © Bible Society of Malaysia 2001. Digunakan dengan kebenaran. Digunakan dengan kebenaran.

Hak Cipta © 2012 oleh Dr. Jaerock Lee
ISBN: 979-11-263-1270-2 03230
Hak Cipta Penterjemahan © 2012 oleh Dr. Esther K. Chung. Digunakan dengan kebenaran.

Pertama Diterbitkan November 2012

Dahulu diterbitkan dalam bahasa Korea pada tahun 1992 oleh Urim Books di Seoul, Korea

Disunting oleh Dr. Geumsun Vin
Direkabentuk oleh Biro Editorial Urim Books
Untuk maklumat lanjutan hubungi: urimbook@hotmail.com

Prakata

Pokok akasia biasa dilihat di kawasan liar Israel. Pokok ini mempunyai akar beratus-ratus kaki di bawah permukaan bumi dan mencari air di dalam tanah untuk terus hidup. Sekali pandang, pokok akasia kelihatan hanya sesuai digunakan sebagai kayu api, tetapi lignumnya lebih kuat dan tahan lasak berbanding pokok lain.

Tuhan memerintahkan Tabut Testimoni (Tabut Perjanjian) dibina dengan pokok akasia, disalut emas dan diletakkan di dalam Suci yang Paling Suci. Suci yang Paling Suci ialah tapak suci di mana Tuhan tinggal dan hanya paderi besar sahaja yang dibenarkan masuk. Begitu juga, seseorang yang telah menanam Firman Tuhan dalam dirinya bahawa kehidupan bukan hanya akan digunakan sebagai alat berharga di hadapan Tuhan, akan juga menikmati banyak rahmat dalam hidupnya.

Yeremia 17:8 menyatakan, "Ia bagaikan pohon di tepi sungai yang mengalir; akarnya merambat sampai ke air. Ia tak takut musim kemarau, daun-daunnya selalu hijau. Sekalipun negeri dilanda kekeringan, ia tak gelisah sebab ia selalu menghasilkan buah." Di sini, "air" secara rohaninya merujuk kepada Firman Tuhan, dan manusia yang telah menerima rahmat begini akan memandang tinggi penyembahan sembahyang di mana Firman Tuhan disebarkan.

Penyembahan ialah acara yang mana penghormatan dan pemujaan ditunjukkan di hadapan Tuhan. Secara ringkasnya, penyembahan Kristian ialah acara yang mana kita mengucapkan kesyukuran dan mengagungkan Tuhan dengan penghormatan, puji-pujian dan keagungan. Pada zaman Perjanjian Lama dan masa kini, Tuhan telah mencari dan masih mencari orang yang menyembah-Nya dengan roh dan kebenaran.

Dalam Imamat pada Perjanjian Lama, ada dicatatkan semua butiran berkenaan penyembahan. Sesetengah orang menyatakan, kerana Imamat adalah berkenaan hukum persembahan kepada Tuhan dengan cara Perjanjian Lama, Buku ini tidak relevan bagi kita hari ini. Ini adalah pendapat yang salah kerana kepentingan hukum Perjanjian Lama berkenaan persembahan telah tertanam dalam cara kita menyembah hari ini. Sama seperti zaman Perjanjian Lama, penyembahan pada zaman Perjanjian Baru adalah jalan untuk kita bertemu Tuhan. Hanya apabila kita mengikuti kepentingan hukum Perjanjian Lama berkenaan persembahan, yang benar, barulah kita dapat menyembah Tuhan pada zaman Perjanjian Baru dalam roh dan kebenaran.

Hasil karya ini akan membincangkan kepentingan pelbagai persembahan berbeza dengan membincangkan secara individu persembahan bakar, persembahan bijirin, persembahan perdamaian, persembahan dosa dan persembahan kebersalahan dan aplikasinya terhadap kita yang hidup pada zaman Perjanjian Baru. Ini akan membantu menerangkan dengan terperinci cara kita menyembah Tuhan. Untuk membantu pembaca memahami hukum berkenaan persembahan, hasil karya ini juga memaparkan imej pandangan panorama khemah suci, bahagian dalam Sanktuari dan Suci yang Paling Suci serta pelbagai alatan yang berkaitan dengan penyembahan.

Tuhan memberitahu kita, "Jadilah kudus, sebab Aku ini kudus." (Imamat 11:45; 1 Petrus 1:16), dan mahukan setiap seorang daripada kita untuk benar-benar memahami hukum berkenaan persembahan yang dicatatkan dalam Imamat dan menjalani kehidupan yang suci. Saya berharap agar anda akan memahami setiap aspek persembahan pada zaman Perjanjian Lama dan penyembahan pada zaman Perjanjian Baru. Saya juga berharap agar anda dapat menyemak semula cara penyembahan anda, dan menyembah Tuhan dengan cara yang menyenangkan hati-Nya.

Saya berdoa dengan nama Yesus Kristus, sama seperti Salomo yang menyenangkan hati Tuhan dengan seribu persembahan bakarnya, semoga setiap pembaca karya ini akan digunakan sebagai alat yang berharga di hadapan Tuhan dan, seperti pokok yang ditanam berdekatan air, semoga anda menikmati rahmat yang tidak terhingga, dengan memberikan kepada Tuhan wangian kasih sayang dan kesyukuran dengan menyembah-Nya dalam roh dan kebenaran!

Februari 2010
Dr. Jaerock Lee

Isi Kandungan

Menyembah dalam Roh dan Kebenaran

Prakata

Bab 1
Penyembahan Kerohanian Yang Diterima Tuhan   1

Bab 2
Persembahan Perjanjian Lama seperti Dicatatkan dalam Imamat   17

Bab 3
Persembahan Bakar   43

Bab 4
Persembahan Bijirin   67

Bab 5
Persembahan Perdamaian   83

Bab 6
Persembahan Dosa   95

Bab 7
Persembahan Kebersalahan   111

Bab 8
Berikan Jasad Anda dalam Pengorbanan Hidup dan Suci   123

Bab 1

Penyembahan Rohani Yang Diterima Tuhan

"Sebab Tuhan itu Roh, dan hanya dengan kuasa Roh Tuhan orang-orang dapat menyembah Bapa sebagaimana Ia ada."

Yohanes 4:24

1. Persembahan semasa Zaman Perjanjian Lama dan Penyembahan semasa Zaman Perjanjian Baharu

Pada asalnya, Adam, manusia pertama dicipta, ialah ciptaan yang boleh mempunyai hubungan secara langsung dan mesra dengan Tuhan. Selepas digoda Syaitan dan melakukan dosa, hubungan rapat Adam dengan Tuhan telah terputus. Bagi Adam dan anak cucunya, Tuhan telah menyediakan jalan untuk pengampunan dan penyelamatan, serta membuka jalan di mana mereka boleh berhubung dengan Tuhan semula. Jalan yang dibuka oleh Tuhan ini adalah melalui kaedah persembahan pada zaman Perjanjian Lama.

Persembahan pada zaman Perjanjian Lama bukanlah sesuatu yang dicipta oleh manusia. Cara ini diarahkan dan diajarkan oleh Tuhan sendiri. Kita mempelajari hal ini daripada Imamat 1:1 dan seterusnya, "Tuhan memanggil Musa dan berfirman kepadanya dari dalam Khemah Pertemuan..." Kita juga mempelajari hal ini daripada persembahan yang diberikan oleh Habel dan Kain, anak Adam, kepada Tuhan (Kejadian 4:2-4).

Persembahan ini, menurut kepentingan masing-masing, mempunyai peraturan khusus. Persembahan dibahagikan kepada persembahan bakar, persembahan bijirin, persembahan perdamaian, persembahan dosa dan persembahan kebersalahan, dan bergantung kepada darjah keseriusan dosa dan situasi individu yang membuat persembahan, lembu jantan, biri-biri, kambing, burung merpati dan tepung boleh diberikan sebagai persembahan. Imam yang menjalankan upacara persembahan perlu mempunyai kawalan diri dalam hidupnya, cermat dalam tingkah laku, memakai efod yang berasingan dan memberikan persembahan yang disediakan dengan teliti menurut peraturan yang ditetapkan. Persembahan begini adalah formaliti yang rumit dan menurut peraturan ketat.

Semasa Zaman Perjanjian Lama, selepas seseorang berdosa, dia hanya boleh ditebus dengan memberikan persembahan dosa iaitu membunuh haiwan, dan melalui darah haiwan ini dosa akan ditebus. Namun, darah haiwan yang dipersembahkan tahun demi tahun tidak dapat membebaskan manusia daripada dosa mereka; persembahan ini hanyalah penebusan sementara dan tidak sempurna. Ini kerana penyelamatan sepenuhnya manusia daripada dosa hanya dapat dilakukan dengan nyawa seorang manusia.

1 Korintus 15:21 menyatakan, "Sebab sama seperti maut datang kerana satu orang manusia, demikian juga kebangkitan orang mati datang kerana satu orang manusia." Atas alasan ini, Yesus Anak Tuhan datang ke dunia dalam bentuk manusia, dan walaupun Dia tidak berdosa, Dia menumpahkan darah-Nya di salib dan mati di atas salib. Disebabkan Yesus telah menjadi korban sekali (Ibrani 9:28), kini tiada lagi persembahan darah yang memerlukan peraturan yang rumit dan tegas.

Seperti yang dicatatkan dalam Ibrani 9:11-12, "Tetapi Kristus telah datang sebagai Imam Besar untuk hal-hal yang baik yang akan datang: Dia telah melintasi khemah yang lebih besar dan yang lebih sempurna, yang bukan dibuat oleh tangan manusia, ertinya yang tidak termasuk ciptaan ini; dan Dia telah masuk satu kali untuk selama-lamanya ke dalam tempat yang kudus bukan dengan membawa darah domba jantan dan darah anak lembu, tetapi dengan membawa darah-Nya sendiri. Dan dengan itu Dia telah mendapat kelepasan yang kekal.," Yesus telah mencapai penyelamatan abadi.

Melalui Yesus Kristus, kita tidak lagi memberikan persembahan darah kepada Tuhan tetapi kini boleh berhadapan dengan Tuhan dan memberikan-Nya pengorbanan kehidupan dan kesucian. Ini adalah penyembahan yang dilakukan pada zaman Perjanjian Baru. Seperti Yesus yang menawarkan satu pengorbanan bagi dosa sepanjang masa dengan cara dipaku pada salib dan menumpahkan darah-Nya sendiri (Ibrani 10:11-12), apabila kita percaya dengan sepenuh hati bahawa kita telah diselamatkan daripada dosa dan menerima Yesus Kristus, kita akan menerima pengampunan terhadap dosa. Ini bukan acara yang menekankan amalan, tetapi cara kita memaparkan keimanan yang datang dari hati. Ia adalah pengorbanan hidup dan suci serta penyembahan secara rohani (Roma 12:1).

Ini tidak bermakna bahawa persembahan pada zaman Perjanjian Lama telah tidak lagi diguna pakai. Jika Perjanjian Lama adalah bayang-bayang, Perjanjian Baru adalah bentuk jasadnya. Sama seperti Hukum, peraturan berkenaan persembahan pada zaman Perjanjian Lama telah disempurnakan dalam Perjanjian Baru oleh Yesus. Pada zaman Perjanjian Baru, hanya formaliti yang telah diubah kepada penyembahan. Sepertimana Tuhan menghargai persembahan suci dan bersih pada zaman Perjanjian Lama, Dia juga akan menghargai penyembahan kita yang dipersembahkan dalam roh dan kebenaran pada zaman Perjanjian Baru. Formaliti dan prosedur ketat menekankan bukan hanya upacara luaran malah mempunyai kepentingan rohani yang mendalam. Ia merupakan petunjuk dengan mana kita menyemak sikap kita terhadap penyembahan.

Pertama, selepas mengakui atau mengambil tanggungjawab melalui amalan bagi kesalahan terhadap jiran, saudara atau Tuhan (persembahan kebersalahan), penganut mesti memikirkan semula tentang hidupnya sepanjang minggu yang lalu, mengakui dosanya dan meminta maaf (persembahan dosa), kemudian menyembah dengan hati yang bersih dan tulus ikhlas (persembahan bakar). Apabila kita menyenangkan hati Tuhan dengan memberikan persembahan yang disediakan dengan teliti atas kesyukuran terhadap kasih kurnia-Nya yang telah melindungi kita pada minggu lalu (persembahan bijirin) dan mengakui kepada Tuhan hasrat hati kita (persembahan perdamaian), Dia akan memenuhi hasrat hati kita dan memberikan kita kekuatan dan kuasa untuk berhadapan dengan dunia. Seperti itulah, dalam penyembahan pada zaman Perjanjian Baru, ada banyak kepentingan hukum persembahan Perjanjian Lama yang turut disertakan. Hukum berkenaan persembahan zaman Perjanjian Lama akan diterangkan dengan lebih terperinci bermula Bab 3 dan seterusnya.

2. Menyembah dalam Roh dan Kebenaran

Dalam Yohanes 4:23-24 Yesus menyatakan, "Tetapi saatnya akan datang dan sudah tiba sekarang, bahawa penyembah-penyembah benar akan menyembah Bapa dalam roh dan kebenaran; sebab Bapa menghendaki penyembah-penyembah demikian. Sebab Tuhan itu Roh, dan hanya dengan kuasa Roh Tuhan orang-orang dapat menyembah Bapa sebagaimana Ia ada." Ini sebahagian daripada apa yang diberitahu Yesus kepada seorang wanita yang ditemuinya di sebuah perigi di kota di Samaria bernama Sikhar. Wanita itu bertanya Yesus, yang memulakan perbualan dengannya dengan meminta air, berkenaan tempat penyembahan, satu topik yang telah lama menjadi tanda tanya (Yohanes 4:19-20).

Orang Yahudi memberikan persembahan di Yerusalem di Rumah Suci, orang Samaria memberikan persembahan di Gunung Gerizim. Ini disebabkan Israel dipisahkan kepada dua bahagian semasa pemerintahan Rehabeam anak lelaki Salomo, Israel di utara membina sebuah binaan tinggi untuk menghalang orang lain daripada pergi ke Rumah Suci di Yerusalem. Wanita ini sedar akan hal ini, dan mahu mengetahui tempat sebenar untuk menyembah.

Bagi orang Israel, tempat penyembahan mempunyai makna yang penting. Tuhan hadir di Rumah Suci, dan mereka memisahkannya dan percaya bahawa ia adalah pusat dunia. Namun demikian, disebabkan hati luhur dengan mana seseorang menyembah Tuhan itu lebih penting daripada tempat atau lokasi penyembahan, semasa Yesus menyatakan bahawa Dia ialah Al-Masih, Dia memastikan bahawa pemahaman tentang penyembahan juga perlu diperbaharui.

Apakah maksud "menyembah dalam roh dan kebenaran"? "Menyembah dalam roh" bermakna memahami Firman Tuhan dalam 66 Buku Al-Kitab dalam inspirasi dan kepenuhan Roh Kudus, serta menyembah daripada lubuk hati kita bersama Roh Kudus yang berada dalam diri kita. "Menyembah dalam kebenaran" bermakna, bersama-sama dengan pemahaman yang betul tentang Tuhan, kita menyembah-Nya dengan seluruh jasad, hati, keinginan dan ketulusan dengan memberikan-Nya kegembiraan, kesyukuran, doa, puji-pujian, amalan dan persembahan.

Sama ada Tuhan menerima penyembahan kita atau tidak bukanlah bergantung kepada bentuk luaran atau saiz persembahan kita, tetapi betapa teliti kita memberikan persembahan kepada-Nya berdasarkan keadaan kehidupan kita. Tuhan dengan sukacita akan menerima dan mengabulkan semua keinginan hati orang yang menyembah-Nya dari lubuk hati mereka dan memberikan-Nya hadiah dengan sukarela. Namun, Dia tidak akan menerima penyembahan daripada orang yang degil, yang mana hatinya mementingkan diri dan hanya menumpukan kepada apa yang orang lain fikir tentang mereka.

3. Menawarkan Penyembahan Yang Diterima Tuhan

Bagi kita yang hidup di zaman Perjanjian Baru, yang mana semua Hukum telah dipenuhi oleh Yesus Kristus, kita mesti menyembah Tuhan dengan cara yang lebih sempurna. Ini kerana kasih sayang adalah perintah terhebat yang diberikan kepada kita oleh Yesus Kristus yang telah memenuhi Hukum dalam kasih sayang. Penyembahan adalah ekspresi kasih sayang kita terhadap Tuhan. Sesetengah orang mengakui kasih sayang terhadap Tuhan dengan kata-kata namun melihat cara mereka menyembah-Nya, kadang kala timbul tanda tanya sama ada mereka benar-benar mengasihi Tuhan dari lubuk hati mereka. Jika kita bertemu dengan seseorang yang lebih tua atau lebih tinggi pangkatnya, kita akan memastikan pakaian kemas, sikap dan hati kita baik. Jika kita mahu memberikannya hadiah, kita akan menyediakan hadiah yang paling baik dengan teliti. Tuhan merupakan Pencipta segala-galanya di dunia dan layak mendapat keagungan dan puji-pujian daripada ciptaan-Nya. Jika kita mahu menyembah Tuhan dalam roh dan kebenaran, kita tidak boleh mengingkari Tuhan. Kita mesti menilai diri dan melihat sama ada kita telah ingkar dan memastikan bahawa kita terlibat dalam acara penyembahan dengan seluruh jasad, hati, kehendak dan penuh teliti.

1) Kita tidak boleh datang lewat semasa sembahyang di gereja.
Memandangkan penyembahan adalah acara di mana kita mengakui kekuasaan rohani Tuhan yang tidak dapat dilihat, kita mengakui-Nya dari hati hanya selepas kita mematuhi peraturan dan perintah yang telah ditetapkan-Nya. Oleh itu, kita tidak boleh lewat ke upacara sembahyang atas alasan apa sekalipun.

Memandangkan masa sembahyang merupakan masa yang kita telah akui diperuntukkan kepada Tuhan, kita mesti hadir sebelum upacara sembahyang bermula, menghambakan diri semasa berdoa dan bersedia untuk upacara sembahyang dengan sepenuh hati. Jika kita ingin berjumpa dengan seorang raja, presiden atau perdana menteri, kita tentu akan tiba awal dan menunggu dengan hati yang bersedia. Jadi, bagaimanakah kita boleh lewat atau tergesa-gesa apabila kita bertemu Tuhan, yang lebih suci dan agung berbanding yang lain?

2) Kita mesti menumpukan perhatian kepada mesej yang disampaikan.

Seorang penggembala, (paderi) ialah imam yang telah diurapi oleh Tuhan; dia sama tarafnya seperti imam pada zaman Perjanjian Lama. Penggembala yang telah dipilih untuk menyebarkan Firman dari mimbar suci ialah pembimbing yang membimbing sekumpulan biri-biri ke Syurga. Oleh itu, Tuhan menganggap tindakan biadab atau ingkar terhadap penggembala sebagai tindakan biadab atau ingkar terhadap Tuhan sendiri.

Dalam Keluaran 16:8, kita dapati bahawa apabila orang Israel merungut dan menentang Musa, mereka sebenarnya melakukan tindakan tersebut terhadap Tuhan sendiri. Dalam 1 Samuel 8:4-9, apabila umat ingkar terhadap Nabi Samuel, Tuhan menganggapnya sebagai tindakan ingkar terhadap-Nya sendiri. Jadi, jika anda bercakap dengan orang yang duduk di sebelah anda atau jika minda anda penuh dengan pemikiran yang tidak berguna apabila seorang penggembala menyampaikan mesej bagi pihak Tuhan, anda dianggap ingkar terhadap Tuhan.

Terlena atau tidur semasa servis juga merupakan keingkaran. Bayangkan betapa biadabnya seorang setiausaha atau menteri yang terlena semasa mesyuarat yang dipengerusikan oleh presiden? Dengan cara yang sama, terlena atau tidur dalam sanktuari yang merupakan tubuh Tuhan Kita adalah tindakan ingkar terhadap Tuhan, penggembala, dan saudara seagama.

Kita juga tidak boleh menyembah dengan roh yang merana. Tuhan tidak akan menerima penyembahan kepada-Nya tanpa kesyukuran dan kegembiraan, dan hanya kesedihan. Oleh itu, kita mesti menjalani acara penyembahan dengan penuh harapan terhadap mesej yang datang dari Syurga, dan dengan hati yang bersyukur bagi kasih kurnia penyelamatan dan kasih sayang. Adalah ingkar jika kita mengganggu atau bercakap dengan orang yang sedang berdoa kepada Tuhan. Sama seperti kita tidak boleh menyampuk perbualan di antara rakan sebaya dengan orang yang lebih tua, adalah ingkar jika kita menyampuk perbualan seseorang dengan Tuhan.

3) Alkohol dan rokok tidak boleh diambil sebelum pergi ke gereja.

Tuhan tidak akan menganggap kesukaran seorang yang baru percaya untuk berhenti minum arak dan merokok disebabkan keimanan yang lemah, sebagai satu dosa. Namun, jika seseorang yang telah dibaptiskan dan memegang jawatan dalam gereja terus minum arak dan merokok, ini dianggap sebagai ingkar kepada Tuhan.

Orang yang tidak beriman sekalipun percaya bahawa tidak sesuai dan salah untuk pergi ke gereja dalam keadaan mabuk atau baru selesai merokok. Apabila seseorang mengambil kira semua masalah dan dosa yang datang daripada minum arak dan merokok, dia akan dapat mengetahui kebenaran tentang cara menjadi anak Tuhan.

Merokok adalah punca banyak jenis kanser dan ia berbahaya terhadap tubuh, manakala minum arak, yang boleh memabukkan, boleh menjadi sumber tingkah laku dan kata-kata yang tidak sopan. Bagaimanakah seorang yang beriman, yang merokok atau minum arak dapat menjadi contoh sebagai anak Tuhan, yang mana tingkah lakunya mungkin menyalahi perintah Tuhan? Oleh itu, jika anda mempunyai keimanan sebenar, anda mesti meninggalkan tabiat lama ini. Walaupun jika anda baru mengenali agama, usaha anda untuk membuang tabiat kehidupan lama dianggap betul di hadapan Tuhan.

4) Kita tidak boleh mengganggu atau merosakkan suasana upacara penyembahan.

Sanktuari adalah tempat suci yang dikhususkan untuk penyembahan, berdoa dan memuji Tuhan. Jika ibu bapa membenarkan anak mereka menangis, membuat bising atau berkelakuan sesuka hati, anak ini akan menghalang ahli gereja yang lain untuk menyembah dengan sepenuh hati mereka. Ini adalah keingkaran di mata Tuhan.

Ia juga dianggap tidak menghormati jika kita berasa marah atau bercakap tentang hal seseorang, atau tentang hiburan luar semasa berada di dalam sanktuari. Mengunyah gula-gula getah, bercakap kuat dengan orang di sebelah anda atau bangun dan berjalan keluar dari sanktuari semasa upacara sedang berlangsung juga menunjukkan sikap kurang hormat. Memakai topi, T-shirt, baju sukan atau selipar ke upacara penyembahan dianggap tidak sopan. Perwatakan luaran tidak penting, tetapi sikap dan hati dalaman seseorang dapat dilihat melalui perwatakan luarannya. Kita dapat melihat cara seseorang bersedia untuk upacara dengan pakaian dan perwatakan luarannya.

Mempunyai pemahaman yang betul tentang Tuhan dan apa yang Dia inginkan membolehkan kita memberikan-Nya upacara kerohanian yang akan diterima Tuhan. Apabila kita menyembah Tuhan dengan cara yang menyenangkan hati-Nya – apabila kita menyembah dengan roh dan kebenaran – Dia akan memberikan kita kuasa pemahaman supaya kita dapat mengukir pemahaman ini dalam lubuk hati, mendapatkan hasil yang banyak dan menikmati kasih kurnia serta rahmat Tuhan yang melimpah ruah.

4. Hidup yang Ditandakan dengan Menyembah dalam Roh dan Kebenaran

Apabila kita menyembah Tuhan dengan roh dan kebenaran, hidup kita diperbaharui. Tuhan mahu kehidupan setiap orang secara keseluruhannya menjadi kehidupan yang penuh dengan penyembahan dalam roh dan kebenaran. Bagaimanakah kita sepatutnya bertingkah laku untuk menawarkan penyembahan rohani kepada Tuhan yang akan diterima dengan penuh kegembiraan?

1) Kita mesti sentiasa bersyukur dan bergembira.

Kegembiraan sebenar berputik bukan hanya daripada sebab untuk bergembira tetapi juga apabila kita berdepan dengan hal yang menyedihkan dan sukar. Yesus Kristus, yang telah kita terima sebagai Penyelamat kita, Dia sendiri merupakan sebab untuk kita sentiasa bergembira, kerana Dia telah menanggung semua sumpahan kita.

Semasa kita sedang menuju kemusnahan, Dia menebus kita daripada dosa dengan menumpahkan darah-Nya sendiri. Dia menanggung kemiskinan dan penyakit kita, dan melonggarkan ikatan kejahatan air mata, kesakitan, kesengsaraan dan kematian. Selain itu, Dia telah memusnahkan kekuasaan kematian dan kebangkitan semula, dan dengan cara itu memberikan kita harapan tentang kebangkitan semula serta membolehkan kita memiliki kehidupan sebenar serta Syurga yang indah.

Jika kita memiliki Yesus Kristus dengan keimanan sebagai sumber kegembiraan, tiada alasan lain bagi kita melainkan bersyukur dan bergembira. Memandangkan kita akan mempunyai harapan yang indah selepas mati dan akan diberikan kegembiraan abadi, walaupun jika kita tiada makanan dan dibelenggu masalah dalam keluarga, dan walaupun jika kira dikelilingi tohmahan dan penghakiman, realiti ini tidak penting bagi kita. Selagi hati kita yang dipenuhi kasih sayang terhadap Tuhan tidak berbelah bagi dan harapan kita terhadap Syurga tidak goyah, kegembiraan tidak akan pudar. Jadi apabila hati kita dipenuhi kasih kurnia Tuhan dan harapan terhadap Syurga, kegembiraan akan datang pada bila-bila masa, dan kesukaran akan ditukarkan kepada rahmat dengan masa yang cepat.

2) Kita mesti sentiasa berdoa.
Ada tiga kepentingan untuk kita "sentiasa berdoa." Pertama, jadikan doa satu tabiat dan amalan. Yesus sekalipun, sepanjang dakwah-Nya, mencari tempat sunyi di mana Dia boleh berdoa dengan "cara-Nya." Daniel berdoa tiga kali sehari setiap hari dan Petrus serta hawari lain juga menyediakan masa khas untuk berdoa. Kita juga mesti mempunyai tabiat berdoa untuk memenuhi jumlah doa dan memastikan minyak Roh Kudus tidak akan pernah berkurangan. Hanya dengan cara ini akan kita memahami Firman Tuhan semasa acara penyembahan dan menerima kekuatan untuk hidup berlandaskan Firman.

Seterusnya, "sentiasa berdoa" bermakna berdoa pada masa yang tidak ditetapkan oleh jadual atau tabiat. Ada masanya Roh Kudus memberi inspirasi kepada kita untuk berdoa walaupun buka pada masa yang kita selalunya berdoa. Kita sering mendengar testimoni daripada orang yang berjaya keluar daripada kesusahan atau telah dilindungi daripada kemalangan apabila mereka patuh dalam doa pada masa seperti itu.

Akhir sekali, "sentiasa berdoa" bermakna bermeditasi dengan Firman Tuhan siang dan malam. Tidak kira di mana, dengan siapa atau apa yang seseorang itu sedang lakukan, kebenaran dalam hatinya mesti hidup dan menjalankan kerjanya secara aktif.

Berdoa adalah seperti bernafas bagi roh kita. Seperti jasad yang mati apabila tubuh badan berhenti bernafas, apabila kita berhenti berdoa, roh kita akan lemah dan akhirnya mati. Seseorang dikatakan "sentiasa berdoa" apabila dia bukan sahaja merintih semasa berdoa pada masa tertentu malah juga semasa dia bermeditasi dengan Firman siang dan malam, dan hidup berlandaskannya. Apabila Firman Tuhan telah berada dalam hati seseorang dan dia menjalani kehidupannya bersama-sama Roh Kudus, setiap aspek hidupnya akan makmur dan dia akan dipimpin dengan jelas dan intim oleh Roh Kudus.

Seperti yang diajarkan oleh Alkitab kepada kita, "cari dahulu kerajaan-Nya dan kebenaran-Nya," apabila kita berdoa untuk kerajaan Tuhan – takdir-Nya dan penyelamatan jiwa – dan bukannya untuk diri sendiri, Tuhan merahmati kita dengan lebih banyak. Namun, ada orang yang berdoa apabila mereka berdepan dengan kesusahan atau apabila mereka berasakan ada sesuatu yang kurang, namun mereka berhenti berdoa apabila mereka berasa aman. Ada orang lain yang rajin berdoa apabila dipenuhi oleh Roh Kudus tetapi berhenti berdoa apabila mereka hilang kepenuhan Roh Kudus ini.

Namun, kita mesti sentiasa menawarkan hati kita dan mengangkat haruman doa kepada Tuhan, dan ini menyenangkan hati-Nya. Anda dapat bayangkan betapa susah dan sukar untuk bercakap secara tanpa rela dan cuba memenuhi masa berdoa sambil pada masa yang sama cuba melawan rasa mengantuk dan pemikiran kosong. Jadi, jika seorang penganut berasakan yang dia memiliki suatu tahap keimanan namun masih berhadapan kesusahan dan berasakan bahawa bercakap dengan Tuhan itu menyusahkan, bukankah dia patut berasa malu mengakui "kasih sayangnya" terhadap Tuhan? Jika anda rasakan seperti, 'Doa saya hambar secara rohani dan tidak berubah,' periksa diri sendiri untuk melihat tahap kegembiraan dan kesyukuran anda.

Yakinlah bahawa apabila hati seseorang sentiasa dipenuhi dengan kegembiraan dan kesyukuran, doanya akan penuh dengan Roh Kudus dan ia tidak akan tandus malah ia akan menembusi kedalaman yang lebih. Seseorang tidak akan berasa seperti dia tidak mampu untuk berdoa. Sebaliknya, lebih sukar situasi yang dihadapi, lebih banyak dia dahagakan kasih kurnia Tuhan, yang akan mendorongnya untuk meminta kepada Tuhan dengan lebih tekun dan keimanannya akan bertambah sedikit demi sedikit.

Apabila kita meminta dengan doa yang datang dari lubuk hati secara berterusan, kita akan mendapat ganjaran buah doa yang banyak. Walaupun berhadapan dengan apa-apa cabaran sekalipun, kita akan berdoa tepat pada masanya. Sejauh mana kita telah meminta dalam doa, kedalaman rohani iman dan kasih sayang akan bertambah, dan kita akan berkongsi kasih kurnia dengan orang lain juga. Oleh itu, amat penting bagi kita untuk berdoa secara berterusan dengan penuh kegembiraan dan kesyukuran supaya kita menerima jawapan daripada Tuhan dalam bentuk buah roh dan jasad yang indah.

3) Kita mesti bersyukur atas segala-galanya.

Adakah anda mempunyai alasan dan sebab untuk bersyukur? Yang paling penting, kita yang telah ditakdirkan untuk mati, telah diselamatkan dan dapat masuk ke Syurga. Kita telah diberikan segala-galanya termasuk makanan harian dan kesihatan yang baik, dan itu sudah cukup sebagai alasan untuk kita bersyukur. Selain itu, kita boleh bersyukur walaupun banyak masalah dan ujian yang dihadapi kerana kita percaya dengan Tuhan yang Maha Berkuasa.

Tuhan mengetahui setiap keadaan dan situasi yang kita hadapi, dan mendengar semua doa kita. Apabila kita percaya sepenuhnya kepada Tuhan walaupun di tengah-tengah ujian yang melanda, Dia akan memimpin kita untuk mengatasi segala ujian dengan baik.

Apabila kita diuji dengan nama Tuhan atau walaupun semasa kita berhadapan dengan ujian disebabkan kesilapan dan kelemahan diri sendiri, jika kita benar-benar percaya kepada Tuhan, kita akan dapat bahawa satu-satunya perkara yang boleh dilakukan adalah bersyukur. Apabila kita ketinggalan atau kekurangan, kita akan berasa lebih bersyukur dengan kuasa Tuhan yang menguatkan dan menyempurnakan yang lemah. Walaupun secara realitinya cabaran yang dihadapi bertambah sukar untuk ditangani dan diselesaikan, kita masih mampu bersyukur disebabkan keimanan kita terhadap Tuhan. Apabila kita berterusan mengucapkan kesyukuran, semua perkara akan diselesaikan dengan baik akhirnya, dan ujian ini akan bertukar menjadi satu rahmat.

Sentiasa bergembira, berdoa secara berterusan dan bersyukur atas segala-galanya adalah kayu pengukur dengan mana kita mengukur berapa banyak ganjaran/buah yang telah kita dapati dalam roh dan jasad melalui kehidupan kita dalam iman. Lebih banyak seseorang berusaha untuk bergembira tidak kira apa jua situasinya, menanam benih kegembiraan dan bersyukur dari lubuk hatinya sambil dia mencari alasan untuk lebih banyak bersyukur, lebih banyak buah kegembiraan dan kesyukuran yang akan diperolehnya. Hal ini sama juga dengan doa; lebih banyak usaha yang kita laburkan dalam berdoa, lebih banyak kekuatan dan jawapan yang akan kita dapat sebagai ganjaran.

Oleh itu, dengan menawarkan acara penyembahan yang disukai Tuhan setiap hati dan yang menyenangkan hati-Nya melalui kehidupan yang mana anda sentiasa gembira, sentiasa berdoa dan bersyukur (1 Tesalonika 5:16-18), saya berharap agar anda akan mendapat ganjaran/buah yang banyak dalam roh dan jasad.

Bab 2

Persembahan Perjanjian Lama seperti Dicatatkan dalam Imamat

"TUHAN memanggil Musa dan berfirman kepadanya dari dalam Khemah Pertemuan, 'Berbicaralah kepada orang Israel dan katakan kepada mereka: Apabila seseorang di antaramu hendak mempersembahkan persembahan kepada TUHAN, haruslah persembahanmu yang kamu persembahkan itu dari ternak, yakni dari lembu sapi atau dari kambing domba.'"

Imamat 1:1-2

1. Kepentingan Imamat

Sering dikatakan bahawa Wahyu dalam Perjanjian Baru dan Imamat dalam Perjanjian Lama merupakan bahagian yang paling sukar difahami dalam Alkitab. Atas sebab itu, apabila membaca Alkitab, sesetengah orang tidak membaca bahagian tersebut manakala ada juga yang berfikir bahawa hukum berkenaan persembahan daripada Perjanjian Lama tidak lagi relevan untuk kita pada masa kini. Namun demikian, jika bahagian tersebut tidak relevan bagi kita, tiada sebab Tuhan mencatatkan buku tersebut dalam Alkitab. Memandangkan setiap perkataan dalam Perjanjian Baru dan Perjanjian Lama diperlukan dalam hidup kita sebagai seorang Kristian, Tuhan membenarkan semuanya ditulis dalam Alkitab (Matius 5:17-19).

Hukum berkenaan persembahan pada zaman Perjanjian Lama tidak boleh dibuang begitu sahaja pada zaman Perjanjian Baru. Sama seperti semua Hukum, peraturan berkenaan persembahan dalam Perjanjian Lama juga telah dipenuhi oleh Yesus dalam Perjanjian Baru. Implikasi makna hukum berkenaan persembahan daripada Perjanjian Lama tertanam dalam setiap langkah penyembahan moden di sanktuari Tuhan dan persembahan dari zaman Perjanjian Lama adalah sama dengan turutan upacara penyembahan hari ini. Apabila kita telah benar-benar memahami hukum berkenaan persembahan daripada Perjanjian Lama serta kepentingannya, kita akan dapat mengikuti jalan pintas menuju rahmat yang pada mana kita akan bertemu Tuhan dan mengalami-Nya dengan cara memahami dengan betul cara menyembah dan berkhidmat kepada-Nya.

Imamat adalah sebahagian daripada Firman Tuhan yang

diguna pakai hari ini bagi semua orang yang percaya kepada-Nya. Ini kerana, seperti yang dinyatakan dalam 1 Petrus 2:5, "Dan biarlah kamu juga dipergunakan sebagai batu hidup untuk pembangunan suatu rumah rohani, bagi suatu imamat kudus, untuk mempersembahkan persembahan rohani yang kerana Yesus Kristus berkenan kepada Tuhan," sesiapa yang telah menerima penyelamatan melalui Yesus Kristus boleh berdiri di hadapan Tuhan, sama seperti yang dilakukan oleh imam pada zaman Perjanjian Lama.

Imamat dibahagikan kepada dua bahagian. Bahagian pertama menumpukan kepada bagaimana dosa kita diampunkan. Ia mengandungi hukum berkenaan korban untuk pengampunan dosa. Ia juga menerangkan kelayakan dan tanggungjawab imam yang bertanggungjawab terhadap persembahan di antara Tuhan dan manusia. Bahagian kedua mencatatkan secara terperinci dosa yang tidak boleh dilakukan oleh orang yang dipilih oleh Tuhan, manusia suci-Nya. Rumusannya, setiap orang yang beriman mesti mempelajari kehendak Tuhan seperti yang dicatatkan dalam Imamat, yang menekankan cara mengekalkan hubungan suci yang dimilikinya dengan Tuhan.

Hukum berkenaan korban dalam Imamat menerangkan kaedah atau cara kita melakukan penyembahan. Seperti kita yang bertemu Tuhan dan menerima jawapan dan rahmat-Nya melalui upacara penyembahan, orang pada zaman Perjanjian Lama menerima pengampunan dosa dan mengalami kerja Tuhan melalui pengorbanan. Namun, selepas Yesus Kristus, Roh Kudus telah hidup dalam diri kita dan kita dibenarkan untuk mempunyai hubungan dengan Tuhan dengan cara menyembah-Nya dalam roh dan kebenaran di tengah-tengah kerja Roh Kudus.

Ibrani 10:1 menyatakan, " Di dalam hukum Taurat hanya

terdapat bayangan saja dari keselamatan yang akan datang, dan bukan hakikat dari keselamatan itu sendiri. Kerana itu dengan korban yang sama, yang setiap tahun terus-menerus dipersembahkan, hukum Taurat tidak mungkin menyempurnakan mereka yang datang mengambil bagian di dalamnya." Jika ada bentuk, tentu akan ada bayang-bayang bagi bentuk tersebut. Hari ini, "bentuk" bermakna penyembahan yang dapat kita lakukan melalui Yesus Kristus dan pada zaman Perjanjian Lama, manusia mempunyai hubungan dengan Tuhan melalui korban, yang merupakan bayang-bayang.

Persembahan kepada Tuhan mesti diberikan menurut peraturan yang Dia tetapkan; Tuhan tidak menerima persembahan yang ditawarkan oleh orang yang memberikannya menurut cara sendiri. Dalam Kejadian 4, kita telah pelajari bahawa Tuhan menerima persembahan daripada Habel yang menurut kehendak Tuhan, tetapi Dia tidak menerima persembahan daripada Kain yang memberikan persembahan dengan caranya sendiri.

Dengan cara yang sama, ada penyembahan yang menyenangkan hati Tuhan dan penyembahan yang lari jauh daripada peraturan-Nya dan oleh itu, tidak relevan di mata Tuhan. Hukum persembahan dalam Imamat memberikan maklumat praktikal tentang jenis penyembahan yang dari mana kita dapat menerima jawapan dan rahmat Tuhan dengan cara yang menyenangkan hati-Nya.

2. Tuhan Memanggil Musa daripada Khemah Pertemuan

Imamat 1:1 menyatakan, "Tuhan memanggil Musa dan berfirman kepadanya dari dalam Khemah Pertemuan..." Khemah pertemuan ialah sanktuari bergerak yang membantu pergerakan pantas orang Israel yang tinggal di padang pasir, dan di situlah Tuhan memanggil Musa. Khemah pertemuan merujuk kepada khemah suci yang mengandungi Sanktuari dan Suci yang Paling Suci (Keluaran 30:18, 30:20, 39:32, dan 40:2). Ia juga boleh merujuk secara kolektif kepada khemah suci serta gantungan yang meliputi keliling ruang utama (Bilangan 4:31, 8:24).

Selepas Keluaran dan dalam perjalanan ke tanah Kanaan, orang Israel berada di padang pasir buat masa yang lama dan perlu sentiasa bergerak. Atas alasan itu, rumah suci di mana persembahan diberikan kepada Tuhan tidak boleh dibina secara tetap dan kekal, tetapi ia merupakan khemah suci yang mudah dialih dan dibawa ke mana-mana. Inilah sebabnya struktur ini juga dinamakan "rumah suci khemah."

Dalam Keluaran 35-39, terdapat butiran terperinci berkenaan pemasangan khemah suci ini. Tuhan sendiri memberikan Musa perincian struktur khemah suci dan bahan yang perlu digunakan untuk pembinaannya. Apabila Musa memberitahu kariahnya berkenaan bahan yang diperlukan untuk pembinaan khemah suci, mereka dengan gembira membawa begitu banyak bahan yang berguna seperti emas, perak, gangsa; pelbagai jenis batu; bahan berwarna biru, ungu dan merah, serta linen halus; mereka membawa bulu kambing, kulit biri-biri jantan dan kulit ikan lumba-lumba, sehinggakan Musa terpaksa melarang mereka daripada membawa lebih banyak bahan (Keluaran 36:5-7).

Khemah suci kemudiannya dibina dengan hadiah yang diberikan secara sukarela oleh kariah ini. Bagi orang Israel yang dalam perjalanan ke Kanaan selepas seolah-olah lari meninggalkan Mesir, kos pembinaan khemah suci ini bukan kecil. Mereka tiada rumah mahupun tanah. Mereka tidak dapat pendapatan melalui pertanian. Namun, dengan berharap kepada janji Tuhan, yang telah berjanji bahawa Dia akan hidup bersama mereka apabila tempat tinggal untuk-Nya telah disediakan, orang Israel menanggung semua kos dengan gembira dan sukacita.

Bagi orang Israel, yang telah lama menderita disebabkan penindasan dan kerja keras, satu perkara yang mereka dahagakan lebih dari segala-galanya adalah kebebasan daripada perhambaan. Sebab itulah, selepas membawa mereka keluar dari Mesir, Tuhan memerintahkan pembinaan khemah suci untuk Dia hidup dalam kalangan mereka. Orang Israel tiada sebab untuk berlengah, dan khemah suci dibina, dengan perasaan sukacita orang Israel sebagai batu asasnya.

Sejurus selepas pintu masuk ke dalam khemah suci, kita akan masuk ke 'Sanktuari', dan melewatinya ke bahagian lebih dalam ialah 'Suci yang Paling Suci.' Inilah tempat yang paling suci. Suci yang Paling Suci menyimpan Tabut Testimoni (Tabut Perjanjian). Tabut Testimoni yang mengandungi Firman Tuhan diletakkan dalam Suci yang Paling Suci sebagai ingatan terhadap kehadiran Tuhan. Seluruh kawasan khemah suci ini dianggap tempat yang suci dan rumah Tuhan, namun Suci yang Paling Suci istimewa dan ia dianggap sebagai tempat yang paling suci. Imam besar pun hanya dibenarkan masuk ke Suci yang Paling Suci sekali setahun sahaja dan ini adalah untuk memberikan persembahan dosa kepada Tuhan bagi pihak umat. Orang biasa tidak dibenarkan masuk ke dalam. Ini kerana orang yang berdosa tidak boleh berhadapan dengan Tuhan.

Namun, disebabkan Yesus Kristus, kita semua telah mendapat keistimewaan untuk berdiri di hadapan Tuhan. Dalam Matius 27:50-51 kita mendapati, "Yesus berseru pula dengan suara nyaring lalu menyerahkan nyawa-Nya. Dan lihatlah, tabir Bait Suci terbelah dua dari atas sampai ke bawah ." Apabila Yesus menawarkan diri-Nya melalui kematian di atas salib untuk menebus kita daripada dosa, tabir yang berada di antara Suci yang Paling Suci dan kita terbelah dua.

Berkenaan hal ini, Ibrani 10:19-20 menerangkan, "Jadi, saudara-saudara, oleh darah Yesus kita sekarang penuh keberanian dapat masuk ke dalam tempat kudus, kerana Dia telah membuka jalan yang baru dan yang hidup bagi kita melalui tabir, iaitu diri-Nya sendiri." Tabir yang dihapuskan apabila Yesus mengorbankan jasad-Nya dalam kematian melambangkan runtuhnya dinding dosa di antara kita dan Tuhan. Sekarang, sesiapa pun yang percaya dengan Yesus Kristus boleh menerima pengampunan dosa dan masuk ke jalan yang telah disediakan untuk menuju Tuhan yang Suci. Jika dahulu, hanya imam sahaja yang boleh berhadapan dengan Tuhan, kita boleh mempunyai hubungan secara langsung dan rapat dengan Tuhan.

3. Kepentingan Rohani Khemah Pertemuan

Apakah kepentingan pertemuan khemah bagi kita hari ini? Pertemuan khemah ialah gereja di mana penganut menyembah hari ini, Sanktuari ialah jasad penganut yang menerima Tuhan, dan Suci yang Paling Suci ialah hati kita di mana Roh Kudus berada. 1 Korintus 6:19 mengingatkan kita, "Atau tidak tahukah kamu, bahawa tubuhmu adalah bait Roh Kudus yang diam di dalam kamu, Roh Kudus yang kamu peroleh dari Tuhan, --dan bahawa kamu bukan milik kamu sendiri?" Selepas kita menerima Yesus sebagai Penyelamat, Roh Kudus diberikan kepada kita sebagai hadiah daripada Tuhan. Memandangkan Roh Kudus hidup di dalam diri kita, hati dan jasad kita ialah rumah suci.

Kita dapati dalam 1 Korintus 3:16-17, "Tidak tahukah kamu, bahawa kamu adalah bait Tuhan dan bahawa Roh Tuhan diam di dalam kamu? Kalau ada orang yang merosakkan Rumah Tuhan, Tuhan pun akan merosakkan orang itu. Sebab Rumah Tuhan adalah khusus untuk Tuhan saja, dan kalianlah rumah itu." Sama seperti kita mesti mengekalkan kebersihan rumah Tuhan atau gereja setiap masa, kita juga mesti mengekalkan kebersihan dan kesucian tubuh dan hati kita sepanjang masa sebagai empat tinggal Roh Kudus.

Kita membaca yang Tuhan akan memusnahkan sesiapa sahaja yang memusnahkan rumah suci Tuhan. Jika seseorang ialah anak Tuhan dan menerima Roh Kudus tetapi terus memusnahkan dirinya, Roh Kudus akan dihapuskan dan tiada penyelamatan untuk orang tersebut. Hanya apabila kita menjaga kesucian rumah suci iaitu tempat tinggal Roh Kudus dengan tingkah laku dan hati, barulah kita dapat mencapai penyelamatan sepenuhnya dan mempunyai hubungan langsung dan intim dengan Tuhan.

Oleh itu, kejadian Tuhan memanggil Musa dari khemah pertemuan melambangkan Roh Kudus memanggil kita dari dalam diri sendiri, dan ingin berhubungan dengan kita. Lazimnya, anak Tuhan yang telah menerima penyelamatan akan mempunyai hubungan dengan Tuhan. Mereka mesti berdoa dengan Roh Kudus dan menyembah dalam roh dan kebenaran untuk hubungan intim dengan Tuhan ini.

Orang pada zaman Perjanjian Lama tidak dapat mempunyai hubungan dengan Roh Kudus disebabkan dosa mereka. Hanya imam besar dibenarkan masuk ke Suci yang Paling Suci di dalam khemah suci dan memberikan persembahan kepada Tuhan bagi pihak orang ramai. Hari ini, mana-mana anak Tuhan dibenarkan masuk ke Sanktuari untuk menyembah, berdoa dan mempunyai hubungan dengan Tuhan. Ini kerana Yesus Kristus telah menebus kita daripada semua dosa. Apabila kita telah menerima Yesus Kristus, Roh Kudus hidup dalam hati kita dan menganggapnya sebagai Suci yang Paling Suci. Selain itu, seperti Tuhan memanggil Musa dari khemah pertemuan, Roh Kudus memanggil kita dari lubuk hati kita dan ingin mempunyai hubungan dengan kita. Dengan membenarkan kita mendengar suara Roh Kudus dan menerima bimbingan-Nya, Roh Kudus memimpin kita untuk hidup dalam kebenaran dan memahami Tuhan. Untuk mendengar suara Roh Kudus, kita mesti menyingkirkan dosa dan kejahatan dalam hati kita dan menjadi suci. Apabila kita telah mencapai penyucian, kita akan dapat mendengar suara Roh Kudus dengan jelas dan rahmat akan melimpah ruah baik dari segi rohani mahupun jasmani.

4. Bentuk Khemah Pertemuan

Bentuk khemah pertemuan amatlah ringkas. Kita mesti melepasi pagar, yang selebar kira-kira sembilan meter (lebih kurang 29.5 kaki) di bahagian timur khemah suci. Apabila memasuki ruang utama khemah suci, kita akan bertemu dengan Mazbah Persembahan Bakar yang diperbuat daripada gangsa. Di antara mazbah ini dan Sanktuari, terdapat besen upacara, dan kemudiannya Sanktuari, diikuti Suci yang Paling Suci yang merupakan bahagian tengah khemah pertemuan.

Dimensi khemah suci terdiri daripada Sanktuari dan Suci yang Paling Suci adalah empat setengah meter (kira-kira 14.7 kaki) lebar, 13.5 meter (kira-kira 44.3 kaki) panjang dan empat

Struktur Khemah Pertemuan

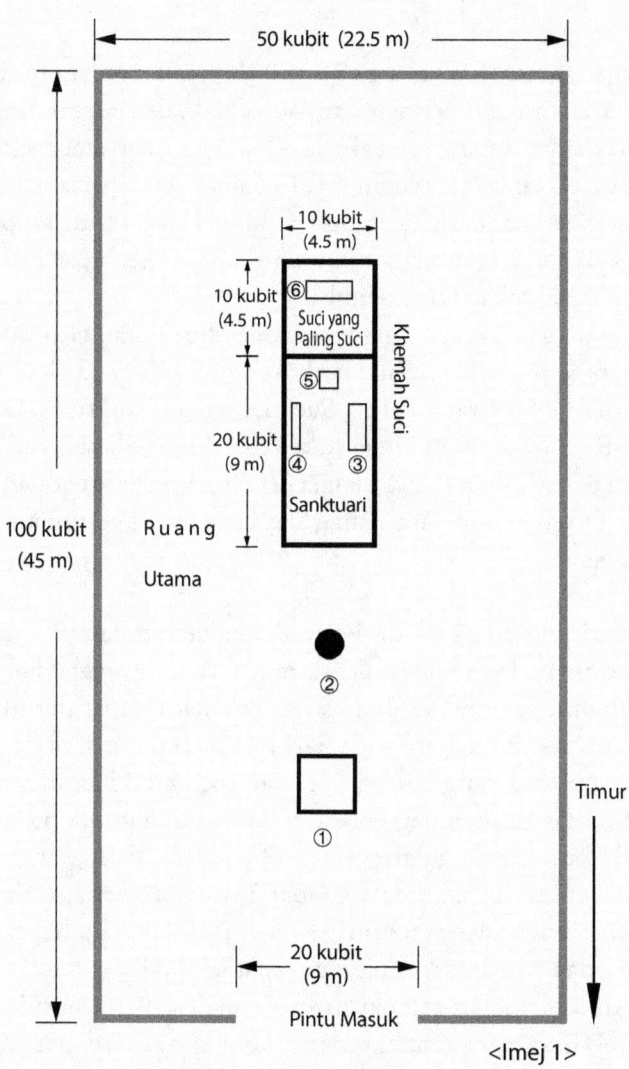

<Imej 1>

Dimensi
Ruang Utama: 100 x 50 x 5 kubit
Pintu Masuk: 20 x 5 kubit
Khemah Suci: 30 x 10 x 10 kubit
Sanktuari: 20 x 10 x 10 kubit
Suci yang Paling Suci: 10 x 10 x 10 kubit
(* 1 kubit = kira-kira 17.7 inci)

Peralatan
1) Mazbah Persembahan Bakar
2) Besen Air
3) Meja untuk Roti Masa Kini
4) Kaki Lampu Diperbuat daripada Emas Tulen
5) Mazbah Dupa
6) Tabut Testimoni (Tabut Perjanjian)

setengah meter (kira-kira 14.7 kaki) tinggi. Bangunan ini berdiri di atas asas yang diperbuat daripada perak, dengan dinding yang terdiri daripada tiang kayu akasia dihias emas, dan atapnya diliputi empat lapis langsir. Kerubin dijalin pada lapisan pertama; lapisan kedua diperbuat daripada bulu kambing; lapisan ketiga diperbuat daripada kulit biri-biri jantan; dan lapisan keempat diperbuat daripada kulit ikan lumba-lumba.

Sanktuari dan Suci yang Paling Suci dipisahkan oleh tirai yang disulam kerubin juga. Saiz Sanktuari dua kali ganda lebih besar berbanding Suci yang Paling Suci. Di dalam Sanktuari, terdapat meja Roti Masa Kini (juga dikenali sebagai Showbread), kaki lampu dan Mazbah Dupa. Semua item ini diperbuat daripada emas tulen. Di dalam Suci yang Paling Suci ialah Tabut Testimoni (Tabut Perjanjian).

Mari kita ringkaskan. Pertama, bahagian dalam Suci yang Paling Suci ialah tempat suci di mana Tuhan tinggal dan Tabut Testimoni, yang mana di atasnya terdapat tempat duduk belas kasihan. Sekali setahun, pada hari Penebusan, imam besar masuk ke dalam Suci yang Paling Suci dan memercikkan darah pada kerusi belas kasihan bagi pihak umat manusia untuk melakukan penebusan. Segala-galanya dalam Suci yang Paling Suci dihias dengan emas tulen. Di dalam tabut Testimoni, terdapat dua batu bersurat yang padanya tertulis Sepuluh Perintah, satu balang berisi manna dan tongkat Harun yang berputik.

Sanktuari ialah tempat di mana paderi akan masuk untuk memberikan persembahan dan di dalamnya terdapat Mazbah Dupa, kaki lampu dan meja untuk Roti Masa Kini, yang semuanya diperbuat daripada emas.

Ketiga, besen air adalah bekas yang diperbuat daripada gangsa.

Imej

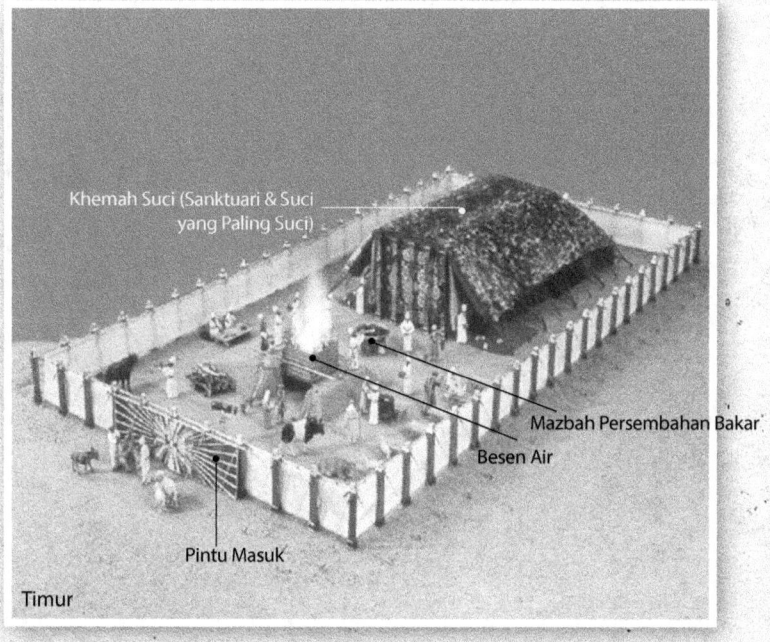

<Imej 2>

Pemandangan Panorama Khemah Pertemuan

Dalam ruang utama, terdapat mazbah persembahan bakar (Keluaran 30:28), satu besen air (Keluaran 30:18) dan Khemah Suci (Keluaran 26:1, 36:8), serta linen halus berpintal digantung di ruang utama. Hanya ada satu jalan masuk di bahagian timur Khemah Suci (Keluaran 27:13-16) dan ia adalah simbol Yesus Kristus, satu-satunya jalan keluar menuju penyelamatan.

Imej

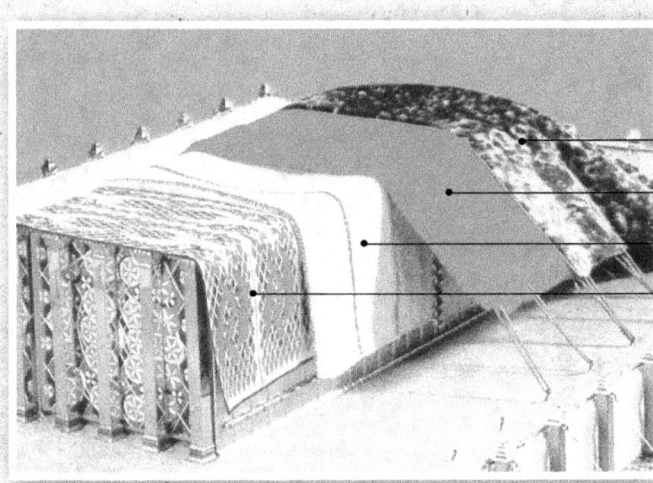

Kulit Lumba-lumb[a]
Kulit Biri-biri Jant[an]
Langsir Bulu Kambing
Langsir Dihi[as] dengan Keru[bin]

<Imej 3>

Penutup Khemah Suci

Empat lapisan meliputi Khemah Suci.
Di bahagian bawah terdapat langsir yang disulam dengan kerubin; di atasnya langsir yang diperbuat daripada bulu kambing; di atasnya langsir bulu biri-biri jantan; dan di bahagian paling atas, kulit ikan lumba-lumba. Lapisan dalam Imej 3 ditunjukkan supaya semua lapisan dapat dilihat. Apabila lapisan dibuka, kita dapat lihat gantungan untuk Sanktuari di dalam Sanktuari, dan di belakangnya, mazbah dupa dan gantungan Suci yang Paling Suci.

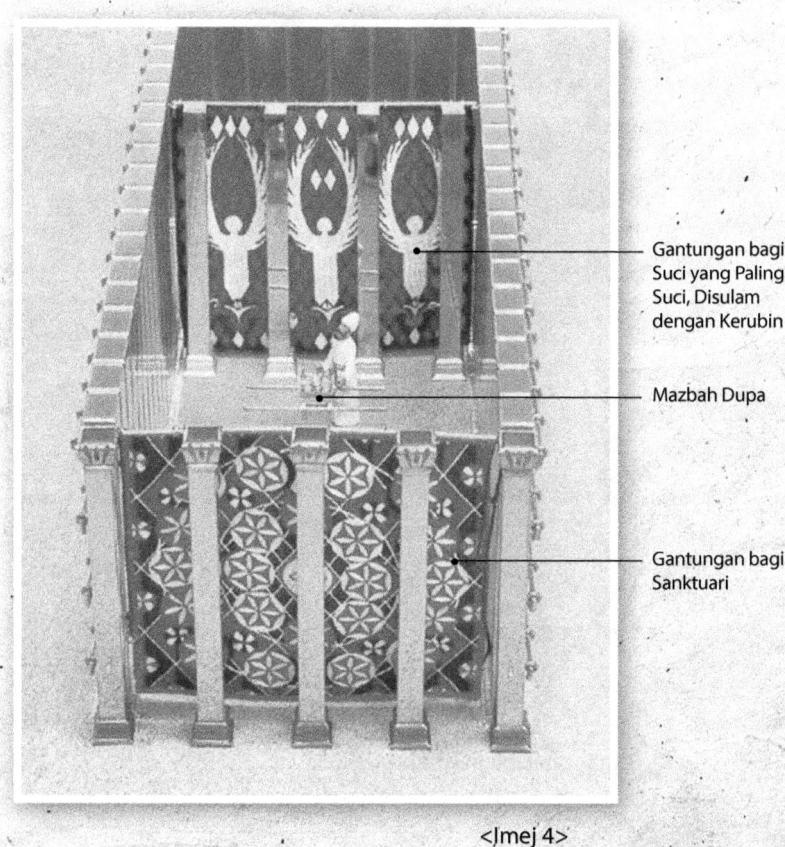

<Imej 4>

Sanktuari Dengan Gantungan Dibuka

Di bahagian hadapan ialah gantungan untuk Sanktuari, dan di belakangnya, mazbah dupa dan gantungan Suci yang Paling Suci.

Imej

<Imej 5>

Bahagian Dalam Khemah Suci

Di bahagian tengah Sanktuari terdapat kaki lampu yang diperbuat daripada emas tulen (Keluaran 25:31), meja untuk roti yang Sentiasa Ada (Keluaran 25:30) dan di bahagian belakang, mazbah dupa (Keluaran 30:27).

Mazbah Dupa

Meja untuk Roti Masa Kini

Kaki Lampu

Imej

<Imej 9>

Di dalam Suci yang Paling Suci

Dinding belakang Sanktuari telah dialihkan untuk membolehkan bahagian dalam Suci yang Paling Suci untuk dilihat. Dapat dilihat Tabut Testimoni, tempat duduk belas kasihan dan gantungan bagi Suci yang Paling Suci di bahagian belakang. Sekali setahun, imam besar yang berpakaian serba putih masuk ke Suci yang Paling Suci dan memercikkan darah persembahan dosa.

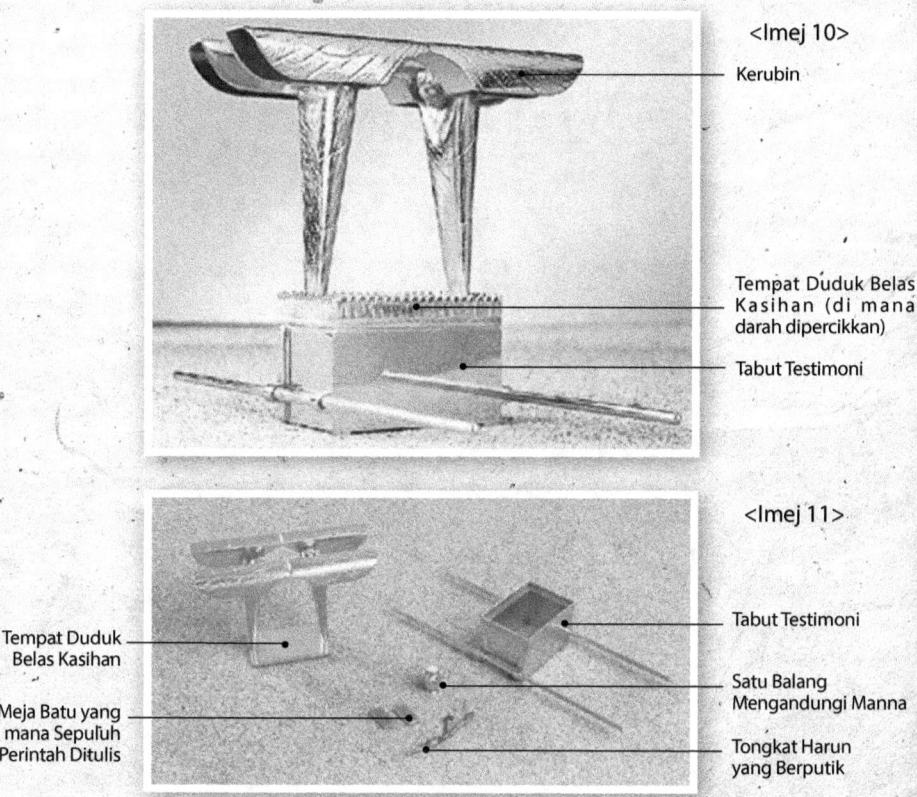

Tabut Testimoni dan Tempat Duduk Belas Kasihan

Di dalam Suci yang Paling Suci terdapat Tabut Testimoni yang diperbuat daripada emas tulen dan di atas Tabut ini ialah tempat duduk belas kasihan. Tempat duduk belas kasihan merujuk kepada lapisan penutup Tabut Testimoni (Keluaran 25:17-22) dan darah dipercikkan padanya sekali setahun. Di kedua-dua bahagian hujung tempat duduk belas kasihan, terdapat dua kerubin yang mana sayapnya meliputi tempat duduk belas kasihan (Keluaran 25:18-20). Di dalam tabut Testimoni, terdapat batu bersurat yang padanya tertulis Sepuluh Perintah; satu balang berisi manna; dan tongkat Harun yang berputik.

Imej

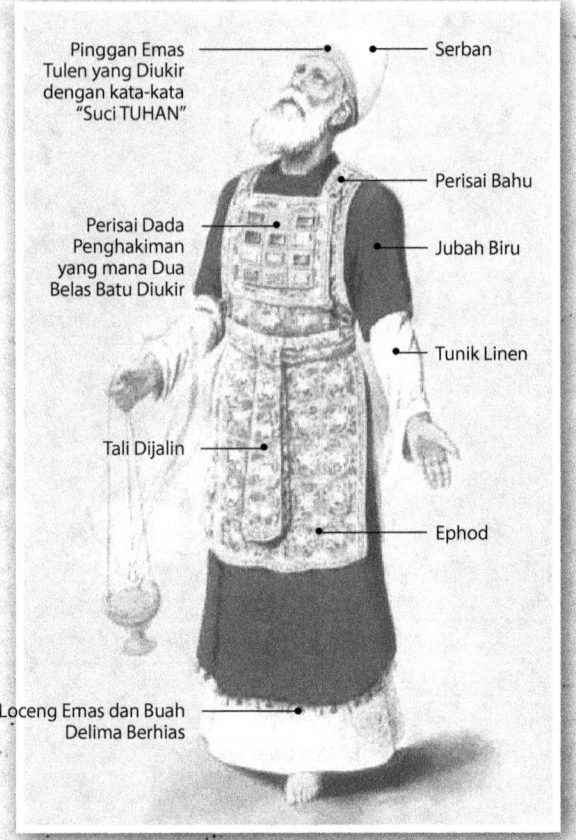

<Imej 12>

Pakaian Imam Besar

Imam besar diberi tanggungjawab menyelenggara Rumah Suci dan menguruskan servis persembahan, dan sekali setahun, imam besar akan masuk ke dalam Suci yang Paling Suci untuk memberikan persembahan kepada Tuhan. Sesiapa yang mengambil alih jawatan imam besar mesti memiliki Urim dan Thummim. Dua batu ini, yang digunakan untuk mendapatkan kehendak Tuhan, diletakkan pada perisai dada di atas ephod yang dipakai oleh imam ini. "Urim" melambangkan cahaya dan "Thummim," melambangkan kesempurnaan.

Besen ini mengandungi air di mana imam akan mencuci tangan dan kaki mereka sebelum memasuki Sanktuari atau sebelum imam besar memasuki Suci yang Paling Suci.

Keempat, Mazbah Persembahan bakar diperbuat daripada gangsa dan ia cukup kuat untuk menahan daripada terbakar. Api pada mazbah "keluar di hadapan TUHAN" apabila khemah suci telah siap dibina (Imamat 9:24). Tuhan juga memerintahkan supaya api pada mazbah terus menyala, tidak dipadamkan dan setiap hari, dua ekor biri-biri berusia setahun dipersembahkan padanya (Keluaran 29:38-43; Imamat 6:12-13).

5. Kepentingan Rohani Persembahan Lembu Jantan dan Biri-biri

Dalam Imamat 1:2, Tuhan memberitahu Musa, "Berbicaralah kepada orang Israel dan katakan kepada mereka: Apabila seseorang di antaramu hendak mempersembahkan persembahan kepada TUHAN, haruslah persembahanmu yang kamu persembahkan itu dari ternak, yakni dari lembu sapi atau dari kambing domba.'" Semasa upacara penyembahan, anak-anak Tuhan memberikan pelbagai persembahan kepada-Nya. Selain daripada zakat, ada juga persembahan termasuklah kesyukuran, pembinaan dan perasaan lega. Namun, Tuhan memerintahkan bahawa jika seseorang ingin membawakan persembahan, ia mestilah persembahan "ternak, yakni dari lembu sapi atau dari kambing domba." Disebabkan ayat ini mengandungi perlambangan rohani, kita tidak perlu melakukan seperti yang diperintahkan secara harafiah, tetapi pertama sekali kita mesti memahami kepentingan rohani dan kemudian melakukan sesuatu mengikut kehendak Tuhan.

Apakah makna kerohanian persembahan haiwan ternak? Ini

bermakna kita mesti menyembah Tuhan dalam roh dan kebenaran dan menawarkan diri kita sebagai pengorbanan hidup dan suci. Inilah "upacara rohani penyembahan" (Roma 12:1). Kita mesti sentiasa bersedia semasa berdoa dan bertingkah laku dengan cara yang suci di hadapan Tuhan, bukan hanya semasa upacara penyembahan, malah dalam kehidupan seharian. Dengan cara ini, penyembahan dan semua persembahan kita akan diberikan kepada Tuhan sebagai pengorbanan hidup dan suci yang Tuhan akan anggap sebagai upacara rohani penyembahan.

Mengapakah Tuhan memerintahkan orang Israel supaya memberikan persembahan lembu jantan dan biri-biri? Lembu jantan dan biri-biri, jika dibandingkan dengan haiwan lain, amat sesuai melambangkan Yesus, yang telah menjadi persembahan damai bagi penyelamatan umat manusia. Mari kita bincangkan persamaan di antara 'lembu jantan' dengan Yesus.

1) Lembu jantan menanggung beban manusia.

Sama seperti lembu jantan menanggung beban manusia, Yesus menanggung beban dosa kita. Dalam Matius 11:28 Yesus memberitahu kita, " Marilah kepada-Ku, semua yang letih lesu dan berbeban berat, Aku akan memberi kelegaan kepadamu." Manusia mencuba dan berusaha untuk mendapatkan kekayaan, penghormatan, pengetahuan, kemasyhuran, prestij dan kuasa serta segala perkara lain yang mereka inginkan. Selain daripada pelbagai beban yang ditanggung, manusia juga menanggung beban dosa dan hidup dalam ujian, masalah dan penderitaan.

Sekarang, Yesus menanggung beban kehidupan dengan menjadi persembahan, menumpahkan darah penebusan dan disalib di atas salib kayu. Dengan keimanan terhadap Tuhan, manusia tidak perlu memikirkan tentang beban dan masalah dosanya serta hidup dalam keadaan aman dan tenteram.

2) Lembu jantan tidak menyusahkan manusia; ia memberi manfaat.

Lembu jantan bukan sahaja berbakti kepada manusia dengan patuh, ia juga memberikan manusia susu, daging dan kulit. Dari kepala ke kaki, tiada bahagian tubuh lembu jantan yang tidak berguna. Yesus juga seperti itu, memberi manfaat kepada manusia. Dengan mengakui ajaran Syurga kepada orang miskin, sakit dan dipinggirkan, Dia memberikan mereka keselesaan dan harapan, melonggarkan belenggu kejahatan dan menyembuhkan penyakit dan kecacatan. Walaupun jika Dia tidak dapat tidur atau makan, Yesus berusaha mengajarkan Firman Tuhan kepada semua orang dengan segala cara yang boleh. Dengan menawarkan hidup-Nya dan disalib, Yesus membuka jalan penyelamatan kepada pendosa yang telah ditakdirkan untuk masuk ke Neraka.

3) Lembu jantan memberikan makanan kepada manusia dengan dagingnya.

Yesus memberikan manusia daging dan darah-Nya supaya manusia boleh membuat roti dengannya. Dalam Yohanes 6:53-54 Dia memberitahu kita, "Aku berkata kepadamu, sesungguhnya jikalau kamu tidak makan daging Anak Manusia dan minum darah-Nya, kamu tidak mempunyai hidup di dalam dirimu. Orang yang makan daging-Ku dan minum darah-Ku mempunyai hidup sejati dan kekal dan Aku akan membangkitkannya pada Hari Kiamat."

Yesus ialah Firman Tuhan yang datang ke dunia dalam bentuk jasmani. Oleh itu, memakan daging Yesus dan meminum darah-Nya bermakna membuat roti dengan Firman Tuhan dan hidup berpandukannya. Sama seperti manusia yang hidup dengan makan dan minum, kita akan mendapat kehidupan abadi dan masuk ke syurga hanya dengan memakan dan membuat roti Firman Tuhan.

4) Lembu jantan membajak tanah dan menukarkannya menjadi tanah yang subur.

Yesus membajak tanah dalam ladang hati manusia. Dalam Matius 13, ada perumpamaan yang membandingkan hati manusia dengan empat jenis tanah; tepi jalan; ladang berbatu; ladang berduri; dan ladang dengan tanah yang baik. Sejak Yesus menebus kita daripada dosa, Roh Kudus hidup dalam hati kita dan memberikan kita kekuatan. Hati kita boleh diubah menjadi tanah yang baik dengan bantuan Roh Kudus. Apabila kita percaya dengan darah Yesus, yang telah membenarkan kita diampunkan daripada dosa, dan tekun mematuhi kebenaran, hati kita akan bertukar menjadi tanah yang subur, kaya dan baik, dan kita akan menerima rahmat dalam roh dan jasad dengan mendapat hasil 30, 60 dan 100 kali ganda daripada apa yang kita tanam.

Seterusnya, apakah persamaan di antara biri-biri dengan Yesus?

1) Biri-biri bersikap penurut.

Apabila bercakap tentang orang yang bersikap menurut atau lemah lembut, kita selalu menyamakan mereka dengan sikap penurut biri-biri. Yesus ialah manusia yang paling lemah lembut. Yesaya 42:3 menerangkan tentang Yesus, "Buluh yang patah terkulai tidak akan diputuskannya, dan sumbu yang pudar nyalanya tidak akan dipadamkannya." Walaupun semasa berhadapan dengan orang jahat, penyumbang laku atau oran yang telah bertaubat tetapi masih kerap berdosa, Yesus sentiasa bersabar, dan menunggu mereka kembali ke jalan yang benar. Yesus ialah Anak Tuhan Pencipta dan mempunyai kuasa untuk memusnahkan manusia, Dia tetap sabar dan menunjukkan kasih sayang-Nya walaupun semasa orang jahat sedang menyalib-Nya.

2) Biri-biri patuh.

Biri-biri akan mengikut dengan patuh ke mana sahaja penggembala memimpinnya dan akan duduk diam semasa dicukur bulunya. Seperti dinyatakan dalam 2 Korintus 1:19, "Kerana Yesus Kristus, Anak Tuhan, yang telah kami beritakan di tengah-tengah kamu, iaitu olehku dan oleh Silwanus dan Timotius, bukanlah "ya" dan "tidak", tetapi sebaliknya di dalam Dia hanya ada "ya"," Yesus tidak menegakkan kehendak-Nya tetapi patuh kepada tuhan sehingga kematian-Nya. Sepanjang hayat-Nya, Yesus hanya pergi ke tempat tertentu pada masa yang dipilih Tuhan, dan hanya melakukan apa yang Tuhan ingin dia lakukan. Akhirnya, walaupun Dia tahu penderitaan yang akan dihadapi semasa disalib, Dia bertahan dengan patuh untuk mencapai kehendak dan takdir Tuhan.

3) Biri-biri bersih.

Di sini, biri-biri yang dimaksudkan ialah biri-biri jantan berusia setahun yang masih belum mengawan (Keluaran 12:5). Biri-biri pada usia ini boleh dibandingkan dengan seorang manusia yang disukai dan suci pada usia mudanya – atau Yesus yang tidak boleh dipersalahkan dan tiada cela. Biri-biri juga memberikan kita bulu, daging dan susu; ia tidak berbahaya dan hanya memberikan manfaat kepada manusia. Seperti yang dinyatakan sebelum ini, Yesus menawarkan daging dan darah-Nya, dan memberikan kita segala-gala yang Dia ada. Dengan penuh kepatuhan kepada Tuhan bapa, Yesus memenuhi kehendak Tuhan dan memusnahkan dinding dosa di antara Tuhan dan pendosa. Hari ini pun, Dia terus membajai hati kita supaya ia akan menjadi tanah yang suci dan subur.

Seperti manusia yang ditebus dosanya melalui lembu jantan dan biri-biri pada zaman Perjanjian Lama, Yesus menawarkan diri-Nya sebagai korban di atas salib dan mencapai penebusan abadi melalui darah-Nya (Ibrani 9:12). Apabila kita percaya dengan fakta ini, kita mesti faham dengan jelas bahawa Yesus menjadi korban yang layak mendapat penerimaan Tuhan supaya kita akan sentiasa bersyukur terhadap kasih sayang dan kasih kurnia Yesus Kristus, dan mencontohi kehidupan-Nya.

Bab 3

Persembahan Bakar

"Paderi harus mempersembahkan dalam asap semua [sapi jantan muda] di atas mezbah persembahan bakaran, sebagai persembahan api menjadi bau yang menyenangkan bagi TUHAN."

Imamat 1:9

1. Kepentingan Persembahan Bakar

Persembahan bakaran, yang pertama bagi segala persembahan yang dicatatkan dalam Imamat, adalah yang tertua daripada semua persembahan. Etimologi perkataan "persembahan bakaran" ialah "membiarkan ia bangkit." Persembahan bakaran adalah korban diletakkan di atas mezbah itu dan benar-benar dimakan api. Ia melambangkan seluruh pengorbanan manusia, ketaatannya dan perkhidmatan sukarela. Menyenangkan Tuhan dengan aroma wangi daripada pembakaran haiwan itu diberikan sebagai korban, persembahan bakaran adalah kaedah yang paling biasa dalam memberi persembahan dan berfungsi sebagai tanda hakikat bahawa Yesus telah menanggung dosa kita dan menawarkan diri-Nya sebagai korban lengkap, dengan itu menjadi persembahan wangi kepada Tuhan (Efesus 5:2).

Menyenangkan Tuhan dengan aroma tidak bermakna Tuhan memiliki deria untuk menghidu bau haiwan yang ditawarkan. Ini bermakna Dia menerima aroma hati manusia yang telah mempersembahkan kepada-Nya. Tuhan mengkaji sejauh mana orang yang takut kepada-Nya dan jenis cinta apa cinta yang manusia itu berikan dalam persembahan kepada Tuhan. Kemudian Dia menerima kesetiaan dan kasih sayang orang itu.

Membunuh haiwan untuk berikan kepada Tuhan sebagai persembahan bakaran melambangkan memberi Tuhan kehidupan kita sendiri dan mentaati segala yang diperintahkan kepada kita. Dengan kata lain, kepentingan rohani persembahan bakaran adalah untuk hidup sepenuhnya oleh Firman Tuhan dan menawarkan kepada-Nya setiap aspek kehidupan kita dengan cara yang bersih dan suci.

Dari segi terma zaman ini, ia adalah ungkapan hati kita yang berjanji untuk memberikan kehidupan kita kepada Tuhan sesuai dengan kehendak-Nya oleh perkhidmatan menghadiri pada Paskah, hari raya menuai, Perayaan Kesyukuran, Krismas, dan setiap hari Ahad. Menyembah Tuhan pada setiap hari Ahad dan memelihara kesucian hari Minggu berfungsi sebagai bukti bahawa kita adalah anak Tuhan dan semangat kita milik-Nya.

2. Pengorbanan bagi Persembahan Bakar

Tuhan memerintahkan bahawa persembahan sebagai persembahan bakaran mesti "seekor jantan tanpa cacat," yang melambangkan kesempurnaan. Dia mahukan jantan kerana mereka umumnya sepatutnya lebih menepati prinsip-prinsip mereka berbanding betina. Mereka tidak berbolak-balik ke sana ke mari dan dari kiri ke kanan, tidak licik, dan tidak ragu-ragu. Tambahan pula, hakikat bahawa Tuhan mahu persembahan "tanpa kecacatan" menandakan bahawa seseorang itu untuk menyembah-Nya dalam roh dan kebenaran, dan tidak beribadah kepada-Nya dengan jiwa yang hancur.

Apabila memberi hadiah kepada ibu bapa kita, mereka dengan senang hati menerimanya apabila kita memberi dengan kasih sayang dan prihatin. Jika kita memberi dengan berat hati, ibu bapa kita tidak boleh menerimanya dengan sukacita. Dengan cara yang sama, Tuhan tidak akan menerima ibadah ditawarkan kepada-Nya tanpa kegembiraan atau di tengah-tengah keletihan, mengantuk, atau pemikiran yang leka. Dia akan bersukaria menerima ibadah kita hanya apabila kedalaman hati kita dipenuhi dengan harapan untuk Syurga, kesyukuran kerana adanya limpah kurnia keselamatan dan kasih dari Tuhan kita. Dengan itu barulah Tuhan memberi kita jalan keluar dalam masa ujian dan penderitaan, serta membolehkan semua jalan kita untuk berjaya.

Seekor "sapi jantan muda" yang ditetapkan bagi persembahan

dalam Imamat 1:5 merujuk kepada seekor sapi jantan muda yang belum mengawan, dan rohani merujuk kepada kesucian dan integriti Yesus Kristus. Oleh itu, yang dibawa di dalam ayat ini adalah kehendak Tuhan untuk kita di hadapan-Nya dengan hati yang suci dan ikhlas dari seorang kanak-kanak. Dia tidak mahu kita untuk berkelakuan seperti kanak-kanak atau tidak matang tetapi menginginkan kita untuk mengikut hati seorang kanak-kanak yang ringkas, taat, dan rendah hati.

Tanduk seekor sapi jantan muda ini belum lagi membesar supaya ia tidak menanduk dan tanpa kejahatan. Ciri-ciri ini juga adalah dari Yesus Kristus yang lemah lembut, rendah hati, tidak sombong dan sebagai seorang anak. Sebagaimana Yesus Kristus adalah Anak Tuhan yang tidak bersalah dan sempurna, persembahan yang disamakan dengan-Nya juga mesti tidak mempunyai cela dan bersih.

Dalam Maleakhi 1:6-8 Tuhan tegas menegur umat Israel yang telah memberikan persembahan rosak dan tidak sempurna kepada-Nya:

"Seorang anak menghormati bapanya dan seorang hamba tuannya. Kemudian jika Aku ini bapa, di manakah kehormatanku? Jika Aku ini tuan, di manakah takut saya?" Demikianlah firman TUHAN semesta alam kepada kamu, hai para paderi yang menghina nama-Ku. Tetapi kamu berkata, "Dengan cara bagaimanakah kami menghina Engkau?" "Kau sedang melakukan persembahan makanan najis di atas mezbah-Ku. Tetapi kamu berkata, "Dengan cara bagaimanakah kami meremehkan Engkau?' Dengan itu kau berkata, 'Meja Tuhan adalah untuk dibenci.' Tetapi apabila kau mempersembahkan yang buta untuk korban, adakah ia tidak jahat? Tetapi apabila kau mempersembahkan yang limpuh dan sakit, adakah ia tidak jahat? Mengapa tidak menawarkan kepada bupatimu? Adakah dia senang akan kamu? Atau dia akan menerima kau dengan baik? "Demikianlah firman TUHAN semesta alam.

Kita mesti memberi kepada Tuhan persembahan bersih, tidak bersalah dan sempurna dengan menyembah-Nya dalam roh dan kebenaran.

3. Kepentingan Jenis Persembahan yang Berbeza

Tuhan yang menghukum dan rahmat melihat hati manusia. Oleh itu, Dia berminat bukan dalam saiz, nilai, atau kos persembahan tetapi dalam tahap penjagaan yang mana setiap orang telah diberi dengan iman mengikut keadaannya. Sebagaimana Dia memberitahu kita dalam 2 Korintus 9:7, "Setiap seseorang mesti melakukan seperti yang azam dalam hatinya, tidak enggan atau dalam paksaan, kerana Tuhan mengasihi orang yang memberi dengan senang hati," Tuhan dengan senang hati menerima apabila kita memberi dia dengan riang mengikut keadaan kita.

Dalam Imamat 1, Tuhan menjelaskan dengan terperinci bagaimana sapi jantan muda, domba, kambing, dan burung perlu ditawarkan. Sementara sapi jantan yang tidak tercela adalah yang paling sesuai untuk diberikan kepada Tuhan sebagai persembahan bakaran, sesetengah orang tidak mampu membeli sapu. Itulah sebabnya, dalam rahmat dan kasih sayang-Nya, Tuhan telah membolehkan orang untuk memberikan kepada-Nya anak-anak domba, kambing, atau merpati mengikut keadaan dan syarat-syarat setiap individu. Apa maksud keronian bagi perkara ini?

1) Tuhan menerima korban diberikan kepada-Nya sesuai dengan kemampuan setiap orang.

Keupayaan kewangan dan keadaan berbeza mengikut orang;

sedikit bagi sesetengah orang boleh menjadi jumlah yang besar bagi orang lain. Atas sebab ini, Tuhan dengan senang hati menerima anak-anak domba, kambing, atau merpati yang orang tawarkan kepada-Nya sesuai dengan kemampuan setiap orang. Ini adalah keadilan dan kasih sayang yang Tuhan benarkan semua orang, tidak kira kaya atau miskin, untuk mengambil bahagian dalam persembahan mengikut kemampuan setiap orang.

Tuhan tidak akan menerima seekor kambing yang diberikan kepada-Nya dengan senang hati oleh seseorang yang mampu membeli sapi jantan. Bagaimanapun, Tuhan senang hati akan menerima dan pantas menjawab kehendak hati seseorang yang telah memberikan-Nya lembu apabila dia hanya mampu memiliki kambing. Sama ada sapi, domba, kambing, atau burung merpati telah ditawarkan, Tuhan berkata, setiapnya adalah "menjadi bau yang menyenangkan" kepada-Nya (Imamat 1:9, 13, 17). Ini bermakna, walaupun terdapat perbezaan tahap dalam persembahan yang diberikan, apabila kita memberi kepada Tuhan dari kedalaman hati kita, Tuhan yang melihat hati manusia, tidak ada perbezaan kerana ia semua adalah bau yang menyenangkan kepada-Nya.

Dalam Markus 12:41-44 adalah adegan di mana Yesus memuji seorang janda miskin yang membuat persembahan. Kedua-dua duit syiling yang dia beri adalah unit mata wang yang paling kecil pada masa itu tetapi bagi dirinya, ia adalah segalanya. Tidak kira betapa kecil persembahan, apabila kita memberi kepada Tuhan untuk yang terbaik daripada kemampuan kita dan dalam kegembiraan, ia menjadi persembahan yang disukai-Nya.

2) Tuhan menerima ibadah menurut akal setiap orang.

Apabila mendengar Firman Tuhan, kefahaman dan rahmat yang diterima adalah berbeza-beza mengikut akal, latar belakang pendidikan, dan pengetahuan setiap individu. Malah semasa penyembahan yang sama, berbanding dengan beberapa orang-orang yang lebih cerah dan telah mengkaji lebih, keupayaan untuk memahami dan menghafal Firman Tuhan adalah kurang untuk orang-orang yang mungkin tidak bijak dan tidak menghabiskan masa dalam pelajaran. Oleh kerana Tuhan mengetahui semua ini, Dia mahu setiap orang untuk menyembah dalam akal dari kedalaman hatinya dan memahami serta hidup dengan Firman Tuhan.

3) Tuhan menerima ibadah mengikut umur dan ketajaman mental setiap orang.

Lebih lanjut umur seseorang, ingatan dan kefahaman mereka semakin lemah. Inilah sebabnya mengapa ramai orang tua tidak dapat memahami atau mengingati Firman Tuhan. Walaupun begitu, apabila orang itu menumpukan diri mereka untuk beribadah dengan hati yang bersungguh-sungguh, Tuhan mengetahui keadaan setiap orang dan Dia senang hati menerima ibadah mereka.

Perlu diingatkan bahawa apabila seseorang itu menyembah di tengah-tengah ilham Roh Kudus, kuasa Tuhan akan bersamanya walaupun dia tidak mempunyai kebijaksanaan atau pengetahuan, atau usia yang tua. Oleh pekerjaan Roh Kudus, Tuhan membantu dia memahami dan mengikuti Firman. Jadi jangan berputus asa dengan berkata, "Saya ketinggalan" atau "Saya telah cuba tetapi saya masih tidak boleh," tetapi pastikan untuk membuat setiap usaha dari kedalaman hati dan mendapatkan kuasa Tuhan. Tuhan yang maha Penyayang dengan senang hati menerima tawaran yang diberikan kepada-Nya mengikut usaha penuh setiap orang dan mengikut keadaan serta keadaan setiap orang. Sebab inilah Dia telah mencatatkan dengan terperinci dalam Imamat mengenai persembahan bakaran dan menyatakan keadilan-Nya.

4. Mempersembahkan Lembu Jantan (Imamat 1:3-9)

1) Sapi Muda Tanpa Kecacatan di Pintu Khemah Pertemuan

Dalam Khemah Suci adalah Tempat Perlindungan dan Maha Kudus. Hanya paderi yang dapat memasuki Tempat Perlindungan dan hanya Paderi Besar boleh memasuki tempat yang maha kudus setahun sekali. Inilah sebabnya mengapa orang-orang biasa, tidak dapat memasuki Tempat Perlindungan, boleh memberikan persembahan bakaran dengan sapi jantan di pintu Khemah Pertemuan.

Walau bagaimanapun, seperti mana Yesus telah memusnahkan dinding dosa yang telah berdiri di antara Tuhan dan kami, kami kini mempunyai persekutuan langsung dan intim dengan Tuhan. Orang-orang di zaman Perjanjian Lama memberikan persembahan-persembahan pada pintu Khemah Pertemuan dengan perbuatan mereka. Walau bagaimanapun, kerana Roh Kudus telah menjadikan hati kita tempat-Nya, tinggal di dalamnya, dan mempunyai persekutuan dengan kita hari ini, orang-orang kita pada zaman Perjanjian Baru telah mendapat hak untuk datang kepada Tuhan di tempat yang maha kudus.

2) Meletakkan pada tangan Ketua Persembahan Bakaran untuk Mempertalikan Dosa dan Membunuh

Dalam Imamat 1:4 dan seterusnya kita membaca, "Dia akan meletakkan tangannya ke atas kepala persembahan bakaran itu, bahawa ia boleh diterima untuk dia mengadakan pendamaian bagi pihaknya. Dia akan membunuh sapi jantan muda di hadapan TUHAN." Meletakkan tangan di atas kepala persembahan bakaran itu melambangkan imputasi dosa seseorang untuk persembahan bakaran, dan kemudian Tuhan akan memberikan pengampunan dosa oleh darah persembahan bakaran.

Meletakkan tangan, sebagai tambahan kepada tohmahan dosa, juga menandakan rahmat dan pengurapan. Kita tahu bahawa Yesus meletakkan tangan-Nya pada seseorang apabila Dia memberkati kanak-kanak atau menyembuhkan orang sakit penyakit dan sakit-sakit. Dengan meletakkan tangan, para rasul memberikan kepada mereka Roh Kudus yang akan diterima oleh rakyat dan kelebihan menjadi lebih banyak. Tambahan pula, dengan meletakkan tangan melambangkan objek itu diberikan kepada Tuhan. Apabila seorang menteri meletakkan tangannya di pelbagai persembahan ia menunjukkan bahawa ia telah diberikan kepada Tuhan.

Restu pada majlis penutupan perkhidmatan ibadat atau penutupan perkhidmatan atau doa dengan doa Tuhan adalah bertujuan untuk Tuhan menerima perkhidmatan tersebut atau pertemuan dengan senang hati. Dalam Imamat 9:22-24 adalah adegan di mana Paderi Besar Harun "mengangkat kedua tangannya atas bangsa itu, lalu memberkati mereka," selepas memberikan mereka kepada Tuhan dosa dan persembahan bakaran mengikut cara-cara yang Tuhan telah arahkan. Selepas kita memelihara kesucian Hari Tuhan dan menutup perkhidmatan dengan pembacaan doa, Tuhan melindungi kita dari musuh iaitu Iblis dan syaitan serta godaan dan kesusahan yang menimpa, Dia membolehkan kita menikmati keberkatan yang melimpah.

Apakah maknanya seorang manusia membunuh seekor sapi jantan muda tanpa kecacatan sebagai persembahan bakaran? Sebagai upah dosa ialah maut, manusia membuat sembelihan bagi pihaknya. Sapi jantan muda yang belum mengawan adalah comel seperti kanak-kanak yang tidak berdosa. Tuhan mahu setiap orang yang memberikan persembahan bakaran untuk menawarkan ia dengan hati seorang kanak-kanak yang tidak bersalah dan tidak pernah melakukan dosa. Untuk itu, Dia mahu setiap orang untuk bertaubat dari dosa-dosanya dan mengukuhkan hatinya. Rasul Paulus amat menyedari apa yang Tuhan mahukan dan itulah sebabnya, walaupun selepas menerima pengampunan dosa-dosanya dan pihak berkuasa serta kuasa sebagai anak Tuhan, dia "mati setiap hari." Dia mengaku dalam 1 Korintus 15:31, "Saya mengesahkan, saudara-saudara, dengan megah dengan kamu bahawa aku ada dalam Yesus Kristus, Tuhan kita, aku mati setiap hari," kerana kita boleh menawarkan badan kita sebagai persembahan suci dan hidup kepada Tuhan hanya selepas kita telah membuang semua yang menentang dilarang Tuhan, seperti hati yang tidak benar, bongkak dan tamak, satu rangka kerja membentuk pemikiran sendiri, kebenaran sendiri, dan segala-galanya yang jahat.

3) Paderi Merenjiskan Darah di Sekitar Mezbah

Selepas membunuh sapi jantan muda yang dikaitkan dengan dosa-dosa orang yang membuat persembahan, kemudian paderi menyiramkan darah di sekeliling mezbah itu di pintu khemah pertemuan. Ini kerana Imamat 17:11, "Nyawa makhluk ada di dalam darah, dan aku telah memberi kepadamu di atas mezbah untuk mengadakan pendamaian bagi nyawa kamu; kerana ia adalah darah oleh sebab kehidupan yang membuat pendamaian," darah melambangkan kehidupan. Atas sebab yang sama, Yesus menumpahkan darah-Nya dalam menebus kita daripada dosa.

"Sekitar mezbah" menandakan timur, barat, utara dan selatan, atau, lebih mudah, 'di mana sahaja manusia pergi.' Percikan darah "di sekeliling mezbah itu" bermakna bahawa dosa-dosa manusia sudah diampuni. Ini bermakna bahawa kita akan memperoleh pengampunan dosa yang dilakukan dalam apa-apa cara dan menerima arahan ke dalam cara Tuhan mahu kita untuk ketuai, jauh dari arah yang kita harus jauhi.

Hal ini sama seperti hari ini. Mezbah adalah mimbar di mana Firman Tuhan diisytiharkan, dan hamba Tuhan yang mengetuai penyembahan memainkan peranan paderi yang menyiramkan darah. Pada perkhidmatan ibadat, kita mendengar Firman Tuhan dan dengan iman serta diberi kuasa oleh darah Tuhan, kita menerima pengampunan kepada semua yang telah kita lakukan yang bertentangan dengan kehendak Tuhan. Apabila telah diampuni dosa-dosa oleh darah, kita hanya perlu pergi ke mana Tuhan mahukan kita pergi dan kekal untuk sentiasa menjauhkan diri daripada kesalahan.

4) Melapah Persembahan Bakaran dan Memotongnya Kepada Kepingan

Binatang yang ditawarkan sebagai persembahan bakaran mesti berkulit dan kemudian dibakar sepenuhnya oleh api. Kulit binatang keras, sukar untuk benar-benar terbakar, dan apabila ia terbakar, baunya busuk. Oleh itu, dalam usaha haiwan untuk dibuat persembahan dengan bau harum, kulitnya patut dibuang. Apakah aspek perkhidmatan ibadah boleh dibandingkan pada zaman sekarang?

Tuhan menghidu aroma orang yang menyembah-Nya dan Dia tidak menerima apa-apa yang tidak wangi. Untuk menjadikan penyembahan berbau yang menyenangkan kepada Tuhan, kita harus "membuang penampilan yang dicemari oleh dunia dan datang kepada Tuhan dengan cara yang benar dan suci." Di dalam hidup kita mencari pelbagai aspek kehidupan yang tidak boleh dianggap berdosa di hadapan Tuhan tetapi jauh daripada ketuhanan atau suci. Penampilan duniawi seperti itu yang berada di dalam kita sebelum kehidupan kita dalam Kristus mungkin akan datang, dan kemewahan, sia-sia, dan kemegahan mungkin datang.

Sebagai contoh, sesetengah orang suka pergi ke pasar atau kedai serbaneka untuk 'melihat-lihat' supaya mereka pergi dan membeli-belah secara lazimnya. Segelintir pula ketagih pada televisyen atau permainan video. Jika hati kita diambil oleh perkara-perkara itu, kita semakin jauh dari kasih sayang Tuhan. Tambahan pula, jika kita mengkaji diri kita sendiri, kita akan dapat mencari penampilan fasik yang dicemari oleh dunia dan penampilan yang sempurna di hadapan Tuhan. Dalam usaha untuk menjadi sempurna di hadapan Tuhan, kita perlu membuang semua ini. Apabila kita datang untuk menyembah di hadapan-Nya, kita perlu bertaubat daripada semua aspek duniawi seperti kehidupan dan hati kita mesti menjadi semakin suci.

Bertaubat dari penampilan dosa, jahat dan yang tidak sempurna bagi kotoran dunia sebelum perkhidmatan ibadat adalah bersamaan dengan membuang kulit haiwan dalam persembahan bakaran. Dalam usaha untuk melakukan ini, kita mesti mempersiapkan hati kita untuk menjadi yang betul dengan tiba awal untuk perkhidmatan ibadat. Pastikan untuk menawarkan doa kesyukuran kepada Tuhan kerana menerima memaafkan kamu daripada segala dosa dan telah melindungi kamu serta mengemukakan doa taubat seperti yang anda lihat sendiri.

Apabila seorang lelaki menawarkan haiwan yang telah berkulit kepada Tuhan, dipotong, dan dibakar, seterusnya Tuhan memberikan manusia pengampunan bagi pelanggaran dan dosa-dosa, serta membenarkan paderi untuk menggunakan kulit untuk tujuan yang sesuai. "Memotong menjadi kepingan" merujuk kepada memutuskan kepala, kaki, sayap, dan isi belakang haiwan, memisahkan isi perut itu.

Apabila kita menghidangkan buah-buahan seperti tembikai atau epal untuk warga tua kita, kita tidak memberikan mereka buah-buahan sahaja; kita mengupas dan membuat ia kelihatan rapi. Begitu juga, dalam memberi persembahan kepada Tuhan, kita tidak membakar seluruh persembahan tetapi mempersembahkan korban kepada-Nya dengan cara yang kemas dan teratur.

Apa kepentingan rohani yang dimaksudkan dengan "memotong menjadi kepingan" dalam persembahan?

Pertama sekali, terdapat pengkelasan jenis ibadah dipersembahkan kepada Tuhan. Terdapat Perkhidmatan Pagi dan Petang Ahad, Perkhidmatan Petang Rabu, dan Perkhidmatan Malam Jumaat. Pembahagian perkhidmatan ibadah adalah bersamaan dengan "memotong menjadi kepingan" daripada persembahan ini.

Kedua, pembahagian kandungan doa kita adalah bersamaan dengan "memotong menjadi kepingan" daripada persembahan ini. Secara umumnya, doa dibahagikan kepada taubat dan mejauho daripada roh-roh jahat, diikuti dengan doa kesyukuran. Kemudian ia bergerak ke topik gereja; pembinaan Tempat Perlindungan; menteri dan pekerja gereja; bagi menjalankan tugas seseorang; untuk kesejahteraan jiwa seseorang; untuk keinginan hati dan menutup doa seseorang.

Sudah tentu, kita boleh berdoa ketika sedang berjalan-jalan, memandu, atau berehat. Kita boleh memiliki masa persekutuan dalam kesunyian sambil memikir dan merenung tentang Tuhan dan Tuhan kita. Perlu diingat bahawa selain dari masa meditasi, meluangkan masa untuk memanggil satu topik doa adalah sama pentingnya dengan memotong persembahan menjadi kepingan. Tuhan dengan senang hati menerima doa kamu dan menjawab dengan pantas.

Ketiga, "memotong korban menjadi kepingan" bermakna Firman Tuhan secara keseluruhannya terbahagi kepada 66 Buku. 66 Buku Alkitab menjelaskan dalam perpaduan Tuhan yang hidup dan pemberian keselamatan melalui Yesus Kristus. Namun,

Firman Tuhan berpecah kepada buku individu, dan Firman-Nya di dalam setiap buku dikaitkan tanpa apa-apa perbezaan di antara mereka. Firman Tuhan dibahagikan kepada kategori yang berbeza, kehendak Tuhan disampaikan dengan lebih sistematik dan ia adalah lebih mudah bagi kita untuk mengikutinya.

Keempat, dan ini adalah yang paling penting sekali, "memotong menjadi kepingan" korban itu ertinya perkhidmatan ibadat itu sendiri terbahagi dan terdiri daripada pelbagai komponen. Doa taubat sebelum permulaan perkhidmatan yang diikuti oleh komponen pertama, masa meditasi yang singkat untuk menyediakan dan memulakan perkhidmatan, serta perkhidmatan yang berakhir sama ada dengan doa Tuhan atau ucapan syukur. Di antaranya, ia bukan sahaja pengisytiharan Firman Tuhan, tetapi ada juga doa pengantaraan, pujian, membaca petikan, persembahan, dan komponen lain. Setiap proses membawa kepentingan sendiri, dan penyembahan di dalam susunan yang tertentu adalah bersamaan dengan memotong persembahan korban menjadi kepingan.

Sama seperti membakar emua bahagian korban melengkapkan korban bakaran itu, kita mesti mengabdikan diri sepenuhnya kepada perkhidmatan ibadah dari awal hingga akhir secara keseluruhannya. Peserta tidak boleh datang lewat atau bangun untuk pergi keluar semasa perkhidmatan untuk menjaga hal-hal peribadi melainkan ia benar-benar perlu. Sesetengah orang perlu menjalankan tugas-tugas tertentu gereja, seperti sukarela atau berkhidmat sebagai pembantu dan dalam keadaan seperti meninggalkan tempat duduk anda awal mungkin dibenarkan. Orang mungkin ingin membuat ia pada Perkhdimatan Rabu petang atau Jumaat malam tetapi mungkin terlewat kerana bekerja atau hal lain yang tidak dapat dielakkan. Walaupun begitu, Tuhan akan melihat hati mereka dan menerima aroma penyembahannya.

5) Paderi Meletakkan Api pada Mezbah dan Menyusun Kayu pada Api

Selepas memotong korban menjadi kepingan, paderi hendaklah mengaturkan semua serpihan di atas mezbah itu dan membakarnya. Inilah sebabnya paderi itu diarahkan untuk "meletakkan api di atas mezbah dan menyusun kayu di atas api." Di sini, "api" secara rohani melambangkan Roh Kudus dan "kayu di atas api" merujuk kepada konteks dan kandungan Alkitab. Setiap perkataan dalam 66 Buku dalam Alkitab digunakan sebagai kayu api. "Mengatur kayu di atas api" dari segi rohani, bermaksud mengamalkan setiap perkataan yang terkandung dalam Alkitab di tengah-tengah karya Roh Kudus.

Sebagai contoh, dalam Lukas 13:33 Yesus berkata: "Tidak mungkin seorang nabi akan binasa di luar Yerusalem.'" Cubaan untuk benar-benar memahami ayat ini adalah sia-sia, kerana kita tahu ramai orang beriman, seperti para rasul Paulus dan Petrus, mati di "luar Yerusalem." Dalam ayat itu, "Yerusalem" tidak merujuk kepada bandar fizikal, tetapi bandar yang membawa hati Tuhan dan, iaitu "Yerusalem rohani," yang seterusnya adalah "Firman Tuhan." Oleh itu, "Tidak mungkin seorang nabi akan binasa di luar Yerusalem" ertinya nabi hidup dan mati di dalam kawasan Firman Tuhan.

Memahami apa yang kita baca di dalam Alkitab dan mesej khutbah yang kita dengar semasa perkhidmatan ibadah hanya boleh dilakukan oleh ilham Roh Kudus. Mana-mana bahagian Firman Tuhan yang di luar pengetahuan manusia, pemikiran, dan spekulasi boleh difahami melalui ilham Roh Kudus dan kemudian kita boleh percaya kepada Firman dari lubuk hati kita. Kesimpulannya, kita semakin matang secara rohani hanya apabila kita telah memahami Firman Tuhan oleh kerja-kerja dan ilham Roh Kudus mengakibatkan hati Tuhan yang disampaikan kepada kita dan bertapak di hati kita.

6) Mengatur Kepingan, Kepala dan Lemak di Kayu yang Berada di Atas Api di Mezbah

Imamat 1:8 berbunyi, "Anak-anak Harun, iaitu paderi hendaklah menyusun keping, kepala dan lemak di atas kayu yang sedang terbakar yang ada di atas mezbah." Untuk korban bakaran, imam hendaklah mengaturkan kepingan yang telah dipotong, berserta kepala dan lemak.

Pembakaran kepala korban yang melambangkan pembakaran semua fikiran yang tidak benar yang berpunca dari kepala kita. Ini kerana pemikiran kita berasal dari kepala dan dosa bermula dari kepala. Orang di dunia ini tidak akan mengutuk seseorang sebagai orang berdosa jika dosanya tidak dipaparkan dalam tindakan. Walau bagaimanapun, seperti yang kita baca dalam 1 Yohanes 3:15, "Setiap orang yang membenci saudaranya, adalah seorang pembunuh," Tuhan memanggil pelindungan benci itu adalah dosa.

Yesus menebus kita dari dosa kita 2000 tahun yang lalu. Dia telah menebus kita dari dosa-dosa bukan sahaja yang dilakukan dengan tangan dan kaki kita, tetapi juga dengan kepala kita. Yesus dipaku di tangan dan kaki-Nya untuk menebus kita dari dosa yang kita lakukan dengan tangan dan kaki, dan Dia memakai mahkota duri menebus kita dari dosa-dosa yang dilakukan dengan fikiran kita yang berasal dalam kepala kita. Oleh kerana dosa kita lakukan dengan fikiran telah diampuni, kita tidak perlu memberikan kepala haiwan sebagai persembahan kepada Tuhan. Sebaliknya, kita perlu membakar fikiran kita dengan api Roh Kudus, dan kita melakukan ini dengan membuang pemikiran tidak benar dan memikirkan kebenaran pada setiap masa.

Apabila kita menyimpan kebenaran pada setiap masa, kita tidak lagi akan memikirkan perkara yang tidak benar atau pemikiran terbiar. Roh Kudus memimpin orang dalam membuang pemikiran terbiar, menumpukan kepada mesej, dan melekatkan ia dalam hati mereka semasa perkhidmatan ibadat, mereka akan dapat menawarkan Tuhan ibadah yang sejati yang diterima oleh-Nya.

Tambahan pula, lemak, yang adalah lemak keras haiwan, adalah sumber tenaga dan kehidupan itu sendiri. Yesus menjadi korban sehingga menumpahkan semua darah dan air-Nya. Apabila kita percaya kepada Yesus sebagai Tuhan, kita tidak lagi perlu untuk mempersembahkan kepada lemak haiwan kepada Tuhan.

Namun, "percaya kepada Tuhan" tidak hanya dipenuhi dengan mengakui di bibir, "saya percaya." Jika kita benar-benar percaya bahawa Tuhan telah menebus kita dari dosa, kita mesti membuang dosa, berubah dengan Firman Tuhan, dan menjalani kehidupan yang suci. Malah pada zaman ibadat, kita mesti mengeluarkan segala tenaga kita - badan kita, jantung, semangat, dan berusaha dengan sedaya - dan menawarkan perkhidmatan ibadah rohani kepada Tuhan. Seseorang yang mengeluarkan semua tenaga untuk menyembah bukan sahaja akan menyimpan Firman Tuhan dalam kepalanya, tetapi melaksanakannya di dalam hatinya. Hanya apabila Firman Tuhan dapat dicapai di dalam hati seseorang, ia dapat menjadi kehidupan, kekuatan, dan rahmat dalam roh dan dalam daging.

7) Paderi Mencuci Isi Perut dan Kaki dengan Air, dna Menawarkan Semuanya di Api di atas Mezbah

Manakala bahagian-bahagian lain yang ditawarkan secara biasa, Tuhan memerintahkan bahawa isi perut dan kaki, bahagian-bahagian najis haiwan, dibasuh dengan air dan ditawarkan. "Basuh dengan air" merujuk kepada membasuh kekotoran orang yang membuat persembahan. Apa kekotoran yang ada untuk dicuci? Walaupun orang pada zaman Perjanjian Lama membersihkan kekotoran korban, orang pada zaman Perjanjian Baru harus mencuci kekotoran hati.

Dalam Matius 15 adalah adegan di mana orang-orang Farisi dan ahli-ahli Taurat menegur murid-murid Yesus kerana makan dengan tangan yang tidak bersih. Yesus menyatakan kepada mereka, "Bukan yang masuk ke dalam mulut yang mengotori orang, melainkan yang keluar dari mulut, itulah yang mengotori orang" (ay. 11). Kesan yang masuk ke dalam mulut berakhir apabila ia dikeluarkan; walau bagaimanapun, apa yang keluar dari mulut berasal dari hati dengan kesan yang berpanjangan. Seperti yang dinyatakan oleh Yesus dalam Ayat 19-20, "Kerana dari hati timbul segala fikiran jahat, pembunuhan, perzinaan, percabulan, pencurian, sumpah palsu dan hujat. Ini adalah perkara yang menajiskan orang; Tetapi makan dengan tangan yang tidak dibasuh tidak menajiskan orang," kita mesti membersihkan dosa dan kejahatan hati dengan Firman Tuhan.

Semakin banyak Firman Tuhan telah memasuki hati kita, lebih banyak dosa dan kejahatan akan dihapuskan dan dibersihkan dari diri kita. Sebagai contoh, jika seseorang mengamalkan kasih sayang dan hidup dengan ia, kebencian akan dihapuskan. Jika seseorang melakukan perkara yang memalukan, ia akan menggantkan kesombongan. Jika seseorang membuat perkara kebenaran, kepalsuan dan penipuan akan hilang. Lebih banya seseorang itu melakukan kebenaran dan hidup dengannya, lebih banyak sifat berdosa dia dapat buang. Secara semula jadi, imannya akan berkembang dengan mantap dan mencapai ukuran kedudukan yang tergolong dalam kepenuhan Kristus. Sehingga iman, kuasa dan kekuasaan Tuhan akan menemaninya. Dia bukan sahaja akan menerima keinginan hatinya, tetapi juga meraih berkat yang melimpah dalam setiap aspek hidupnya.

Hanya selepas isi perut dan kaki telah dibasuh dan semua daripada itu diletakkan di atas apim ia akan mengeluarkan bau yang menyenangkan. Imamat 1:9 mentakrifkan ini sebagai "persembahan api bagi bau yang menyenangkan bagi TUHAN." Apabila kita memberi perkhidmatan kerohanian ibadah Tuhan dalam roh dan kebenaran mengikut Firman-Nya pada persembahan bakaran, ibadah yang akan menjadi korban oleh api yang disenangi Tuhan dan yang boleh mendapatkan jawapan dari-Nya. Hati kita yang menyembah akan menjadi bau yang menyenangkan di hadapan Tuhan dan jika Dia kehendaki, Dia akan memberikan kita kemakmuran dalam setiap aspek kehidupan.

5. Mempersembahkan Biri-biri atau Kambing (Imamat 1:10-13)

1) Domba Jantan Muda atau Kambing Tanpa Kecacatan

Sama dengan menawarkan sapi, sama ada domba atau seekor kambing, persembahan mestilah dari jantan muda tanpa kecacatan. Dari segi rohani, pemberian korban tidak bersalah merujuk kepada menyembah di hadapan Tuhan dengan hati yang sempurna ditandai dengan kegembiraan dan kesyukuran. Perintah Tuhan adalah seekor binatang jantan untuk ditawarkan bermaksud "menyembah dengan hati yang teguh tanpa ragu-ragu." Walaupun penawaran boleh berbeza bergantung kepada keadaan kewangan setiap orang, sikap orang yang memberi persembahan yang mesti sentiasa suci dan sempurna tidak kira persembahannya.

2) Persembahan Mesti Disembelih pada Sisi Utara Mezbah, dann Paderi Merenjiskan Darahnya Di Sekitar Empat Muka Mezbah

Seperti halnya dengan persembahan sapi jantan, tujuan percikan darah haiwan di atas mezbah itu adalah dalam menerima pengampunan dosa yang dilakukan di semua tempat—ke timur, barat, utara dan selatan. Tuhan membenarkan pendamaian untuk mengambil tempat dengan darah binatang yang diberikan kepada-Nya sebagai pengganti manusia.

Kenapa Tuhan mengarahkan korban dibunuh di sebelah utara mezbah itu? "Arah Utara" atau "sebelah utara" secara rohani melambangkan kesejukan dan kegelapan; ia adalah satu ungkapan yang sering digunakan untuk merujuk kepada perkara disiplin Tuhan atau teguran, yang Dia tidak suka.

Dalam Yeremia 1:14-15 kita membaca,

"Daripada utara maksiat akan memecahkan pada semua penduduk negeri itu. Kerana, sesungguhnya, Aku menyeru semua keluarga kerajaan di utara, "demikianlah firman TUHAN; "Dan mereka akan datang dan mereka akan menetapkan setiap satu takhta-Nya di pintu masuk pintu gerbang Yerusalem dan segala dinding di sekeliling dan terhadap semua kota-kota Yehuda."

Dalam Yeremia 4:6 Tuhan berfirman kepada kita, "Berlindunglah, jangan berdiam diri, sebab aku membawa kejahatan dari utara dan kehancuran yang besar." Seperti yang kita lihat dalam Alkitab, "utara" melambangkan disiplin dan teguran Tuhan, dan oleh itu, haiwan tersebut telah dikaitkan semua dosa-dosa manusia mesti dibunuh "di sebelah utara," iaitu simbol kutukan.

3) Korban itu dipotong kepada kepingan dengan Kepala dan Lemak Disusun di Atas Kayu; Isi Perut dan Kaki Dibasuh dengan Air; Kesemuanya Ditawarka dann dibakarnya di atas Mezbah

Dengan cara yang sama seperti korban bakaran sapi jantan, korban bakaran daripada domba atau kambing juga boleh diberikan kepada Tuhan untuk menerima pengampunan dosa yang telah kita lakukan dengan kepala, tangan, dan kaki kita. Perjanjian Lama adalah seperti bayang-bayang dan Perjanjian Baru adalah seperti bentuk. Tuhan mahu kita memperoleh pengampunan dosa bukan hanya berdasarkan kerja-kerja, tetapi dengan hati kita dikhatankan dan hidup menurut Firman-Nya. Ini adalah untuk menawarkan Tuhan perkhidmatan rohani ibadat dengan badan, jantung, dan semangat kita, serta mengamalkan Firman Tuhan dengan ilham Roh Kudus untuk membuang perkara yang tidak benar dan hidup sesuai dengan kebenaran.

6. Mempersembahkan Burung (Imamat 1:14-17)

1) Seekor Merbuk atau Merpati Muda

Merpati adalah paling baik dan bijak di antara semua burung, dan mengikut arahan manusia dengan baik. Dagingnya lembut dan burung merpati dalam tawaran umum banyak manfaat kepada manusia, Tuhan memerintahkan agar burung merbuk atau burung merpati muda ditawarkan. Antara burung merpati, Tuhan mahu merpati muda ditawarkan kerana Dia mahu menerima tawaran bersih dan lemah lembut. Ciri-ciri merpati muda melambangkan kerendahan hati dan lemah lembut Yesus yang telah menjadi korban.

2) Paderi Membawa Persembahan ke Mezbah, Mencabut Kepalanya, Mengoyakkan Kepaknya tetapi tidak Memutuskannya; Paderi Menawarkannya di Api di atas Mezbah, dengan Darah Mengalir di Sisi Mezbah

Oleh kerana merpati muda adalah sangat kecil dalam saiz, mereka tidak boleh dibunuh dan kemudian dipotong menjadi kepingan, dan hanya sedikit kecil darah boleh ditumpahkan. Atas sebab itu, tidak seperti haiwan lain yang terbunuh di sisi mezbah utara, kepalanya yang diperah dengan darahnya mengalir dari itu; bahagian ini juga termasuk meletakkan tangan di atas kepala burung itu. Walaupun darah persembahan mesti ditaburi di sekitar mezbah, upacara pendamaian itu berlaku hanya dengan pengaliran darah pada sisi mezbah itu kerana jumlah darah yang dimiliki merpati adalah sedikit.

Lebih-lebih lagi, kerana badan yang kecil, jika burung merpati dipotong menjadi kepingan bentuknya tidak dapat dikenali. Itulah sebabnya dengan mengoyak sayapnya, tetapi tidak memutuskan sayap dari badan, kemudian ia dipaparkan. Bagi burung, sayap adalah kehidupan mereka. Hakikat bahawa burung merpati koyak oleh sayapnya melambangkan bahawa manusia telah benar-benar menyerah diri di hadapan Tuhan dan memberikan hidupnya kepada Tuhan.

3) Isi Perut Bersama Bulu Korban Diletak di sebelah Ke arah Timur Mezbah di Tempat Abu

Sebelum menetapkan persembahan burung di atas api sebagai persembahan, isi perut burung dengan bulu dikeluarkan. Walaupun isi perut sapi jantan, anak domba dan kambing tidak dibuang tetapi dibakar selepas dicuci dengan air, kerana ia adalah sukar untuk membersihkan pertu dan isi perut merpati yang sempit, Tuhan telah membenarkan ia dibuang. Perbuatan membuang perut merpati dengan bulu, seperti pembersihan bahagian-bahagian najis sapi dan kambing, melambangkan pembersihan hati tidak bersih dan pengendalian masa lalu dalam dosa dan kejahatan dengan menyembah Tuhan dalam roh dan kebenaran.

Isi perut burung bersama bulunya mesti dibuang di bahagian timur mezbah di tempat abu. Kita baca dalam Kejadian 2:8 bahawa

Tuhan ". menanam taman ke arah timur, di Eden." Maksud "timur" dari segi rohani adalah ruang yang dikelilingi oleh cahaya. Bahkan di Bumi di mana kita hidup, timur adalah arah di mana matahari terbit dan apabila matahari telah terbit, kegelapan malam itu dihalau.

Apakah ertinya11 untuk membuang perut merpati dengan bulu di sebelah mezbah ke arah timur?

Ini melambangkan kedatang kita kepada Tuhan, yang merupakan cahaya, selepas membuang kekotoran dosa dan kejahatan dengan memberikan persembahan bakaran kepada Tuhan. Seperti yang kita baca dalam Efesus 5:13, "Semua perkara kelihatan apabila mereka ditelanjangi oleh cahaya itu, sebab semua akan kelihatan adalah cahaya," kita membuang kekotoran dosa dan kejahatan yang telah kita ditemui dan menjadi anak-anak Tuhan dengan datang di hadapan Cahaya. Oleh itu, pembuangan kekotoran persembahan kepada timur secara rohani melambangkan kita, yang telah hidup dalam suasana kekotoran rohani—dosa dan kejahatan, membuang dosa dan menjadi anak-anak Tuhan.

Melalui persembahan bakaran sapi jantan, domba, kambing, dan burung, kini kita dapat memahami cinta dan keadilan Tuhan. Tuhan memerintahkan persembahan bakaran kerana Dia mahu rakyat Israel untuk hidup setiap detik dalam persekutuan langsung dan intim dengan-Nya dengan selalu memberikan persembahan bakaran kepada-Nya. Apabila anda ingat ini, saya berharap anda akan menyembah-Nya dalam roh dan kebenaran, dan tidak hanya memelihara kesucian Hari Tuhan, tetapi mempersembahkan aroma yang menenangkan dari hati kepada Tuhan 365 hari setahun. Lalu Tuhan kita, yang telah menjanjikan kepada kita, "Carilah kebahagiaan kepada TUHAN; dan Ia akan memberikan kepadamu apa yang diinginkan hatimu "(Mazmur 37:4), akan memberi kita kesejahteraan dan rahmat yang ajaib di mana sahaja kita pergi.

Bab 4

Persembahan Bijirin

"Apabila seseorang mempersembahkan korban bijirin kepada TUHAN, korban itu harus berupa tepung yang paling baik yang dituangi minyak zaitun dan diberi kemenyan di atasnya."

Imamat 2:1

1. Kepentingan Persembahan Bijirin

Imamat 2 menerangkan persembahan bijirin dan cara ia dipersembahkan kepada Tuhan agar ia boleh menjadi korban hidup dan suci yang diperkenan Tuhan.

Seperti yang kita baca dalam Imamat 2:1, "Apabila seseorang mempersembahkan korban bijirin kepada TUHAN, korban itu harus berupa tepung yang paling baik," persembahan bijirin merupakan persembahan yang diberi kepada Tuhan dengan bijirin dikisar halus. Ia merupakan persembahan kesyukuran kepada Tuhan yang memberi nyawa kepada kita dan mengurniakan rezeki harian kepada kita. Bagi istilah kini, ia melambangkan persembahan kesyukuran sewaktu Perkhidmatan Penyembahan Hari Ahad diberi kepada Tuhan kerana melindungi kita minggu yang lalu.

Dalam persembahan yang diberi kepada Tuhan, penumpahan darah haiwan sebegitu seperti lembu jantan atau kambing biri-biri sebagai persembahan dosa diperlukan. Hal ini kerana pengampunan dosa kita melalui penumpahan darah haiwan memastikan penyampaian doa kita dan rayuan kepada Tuhan Kudus. Walau bagaimanapun, persembahan bijirin adalah persembahan kesyukuran yang tidak memerlukan penumpahan darah yang berasingan dan secara lazimnya diberi bersama persembahan bakar. Manusia memberi kepada Tuhan buah mereka yang pertama dan perkara lain yang bagus daripada bijirin yang dituai sebagai persembahan bijirin kerana Dia telah mengurniakan mereka benih untuk disemai, memberi mereka makanan dan melindungi mereka sehingga waktu penuaian.

Tepung lazimnya diberikan sebagai persembahan bijirin. Tepung halus, roti dibakar ketuhar dan bulir gandum yang masak awal digunakan dan semua persembahan diperasakan dengan minyak dan garam serta kemenyan ditambah sekali. Kemudian segenggam persembahan dipersembahkan dalam api untuk menyenangi Tuhan dengan aroma.

Kita baca dalam Keluaran 40:29, "Mazbah korban bakaran ditempatkan di depan pintu Khemah Suci, yakni Khemah Pertemuan itu, dan dipersembahkan di atasnya korban bakaran dan korban bijirin--seperti yang diperintahkan TUHAN kepada Musa." Tuhan memerintahkan bahawa persembahan bakar diberi, persembahan bijirin juga diberi pada masa yang sama. Oleh itu, kita akan mempersembahkan kepada Tuhan perkhidmatan rohani penyembahan yang sempurna apabila kita memberikan-Nya persembahan kesyukuran pada Perkhidmatan Penyembahan Hari Ahad.

Asal usul "persembahan bijirin" ialah "persembahan" dan "hadiah." Tuhan tidak mahu kita menghadiri pelbagai perkhidmatan penyembahan dengan tangan kosong tetapi menunjukkan dalam tindakan hati kesyukuran dengan memberi-Nya persembahan kesyukuran. Bagi sebab ini, Dia berfirman kepada kita dalam 1 Tesalonika 5:18, "Dalam segala keadaan hendaklah kalian bersyukur, sebab itulah yang Tuhan inginkan dari kalian sebagai orang yang hidup bersatu dengan Kristus Yesus.," dan dalam Matius 6:21, "Kerana di mana hartamu, di situ juga hatimu."

Mengapa perlu kita mensyukuri segala-galanya dan mempersembahkan kepada Tuhan persembahan bijirin? Pertama, semua manusia menuju ke jalan kemusnahan selepas pengingkaran Adam, tetapi Tuhan mengurniakan Yesus kepada kita sebagai penyemahan bagi dosa kita. Yesus telah menyelamatkan kita daripada dosa dan melalui-Nya kita memperoleh kehidupan abadi. Disebabkan Tuhan yang telah mencipta segala-galanya dalam alam semesta dan manusia yang kini Bapa kita, kita boleh menikmati kuasa sebagai anak Tuhan. Dia telah membenarkan kita untuk memiliki Syurga kekal abadi maka tidakkah kita mahu memanjatkan kesyukuran kepada-Nya?

Tuhan juga mengurniakan kita matahari dan mengawal hujan, angin dan iklim yang kita nikmati maka kita boleh menuai hasil tuai yang banyak agar Dia boleh memberi kita roti harian. Kita mesti bersyukur kepada-Nya. Selain itu, Tuhanlah yang melindungi setiap daripada kita di dunia ini yang mengandungi dosa, ketidaksalihan, penyakit dan kemalangan. Dia memakbulkan doa kita yang diberikan dengan iman dan Dia sentiasa merahmati kita untuk menjalani kehidupan yang berjaya. Sekali lagi, bagaimana boleh kita tidak bersyukur kepada-Nya?!

2. Persembahan dalam Persembahan Bijirin

Dalam Imamat 2:1 Tuhan berfirman, "Apabila seseorang mempersembahkan korban bijirin kepada TUHAN, korban itu harus berupa tepung yang paling baik yang dituangi minyak zaitun dan diberi kemenyan di atasnya." Bijirin yang dipersembahkan kepada Tuhan sebagai persembahan bijirin mestilah dikisar dengan halus. Perintah Tuhan agar bijirin yang dipersembahkan mestilah "halus" menandakan jenis hati kita apabila memberi persembahan kepada Tuhan. Untuk menghasilkan tepung kisar halus, bijirin perlu melalui beberapa proses termasuk mengupas, mengisar dan menapis. Setiap daripada langkah ini memerlukan usaha dan penjagaan. Rona makanan dibuat dengan tepung halus tampak cantik dan lebih lazat.

Kepentingan rohani di sebalik perintah Tuhan agar persembahan bijirin "diperbuat daripada tepung halus" bermakna Tuhan akan menerima persembahan dengan penjagaan terbaik dan dengan gembira. Dia menerima persembahan yang dibuat dengan tindakan daripada hati penuh kesyukuran dengan gembira, bukan semasa kita sekadar bersyukur dengan bibir kita. Oleh itu, kita harus memastikan bahawa kita membayar zakat atau memberi persembahan kesyukuran dengan sepenuh hati agar Tuhan menerimanya dengan gembira.

Tuhan pemerintah segala alam dan Dia memerintahkan manusia untuk memberikan-Nya persembahan, tetapi hal ini bukanlah kerana Dia kekurangan apa-apa. Dia mempunyai kuasa untuk meningkatkan kekayaan setiap seorang dan mengambil harta daripada sesiapa. Sebab Tuhan ingin menerima persembahan daripada kita adalah agar Dia boleh merahmati kita dengan lebih hebat dan lebih banyak melalui persembahan kepada-Nya dengan iman dan kasih sayang.

Seperti yang kita ketahui dalam 2 Korintus 9:6, "Orang yang menabur benih sedikit-sedikit akan memungut hasil yang sedikit juga. Tetapi orang yang menabur benih banyak-banyak akan memungut hasil yang banyak juga," pembalasan saksama adalah undang-undang dalam dunia rohani. Tuhan mengajar kita untuk memberikan-Nya persembahan kesyukuran agar Dia boleh merahmati kita dengan lebih hebat.

Apabila kita beriman dengan fakta ini dan memberikan persembahan, lazimnya kita mesti memberikan persembahan sepenuh hati kita sama seperti kita akan beri Tuhan persembahan tepung halus dan kita mesti memberi-Nya persembahan yang paling berharga yang tiada cacat cela dan suci.

"Tepung halus" juga melambangkan sifat dan kehidupan Yesus yang sempurna. Ia juga mengajar kita bahawa apabila kita memberi penjagaan terbaik apabila menghasilkan tepung halus, kita mesti menjalani kehidupan keperihan dan ketaatan.

Apabila memberikan persembahan bijirin dengan tepung bijirin, selepas mencampur tepung dengan minyak dan membakarnya dalam ketuhar sebagai adunan pada pemanggang atau dalam kuali untuk dibakar, kemudian mereka mempersembahkannya dalam api di atas mazbah. Disebabkan persembahan bijirin diberikan dalam pelbagai cara melambangkan cara orang mencari rezeki dan juga sebab pemberian kesyukuran semuanya berbeza. Dalam erti kata yang lain, selain daripada sebab kita sentiasa memanjatkan kesyukuran pada Hari Ahad, kita boleh memberi kesyukuran kerana menerima rahmat atau dimakbulkan keinginan hati kita; berjaya mengatasi godaan dan ujian dengan iman dan sebagainya. Walau bagaimanapun, sama seperti Tuhan memerintahkan kita untuk "memanjatkan kesyukuran dalam segala perkara", kita mesti mencari sebab untuk bersyukur dan memanjatkan kesyukuran sewajarnya. Hanya dengan berbuat demikian Tuhan menerima aroma hati kita dan memastikan agar sebab kita memanjatkan kesyukuran ada dalam hidup kita.

3. Memberikan Persembahan Bijirin

1) Persembahan Bijirin dengan Tepung Halus dan Minyak serta Kemenyan

Menuang minyak pada tepung halus akan menukar tepung menjadi adunan dan menjadi roti yang berkualiti manakala meletakkan kemenyan pada roti akan meningkatkan kualiti persembahan dan penampilan secara keseluruhan. Apabila persembahan ini dibawa ke paderi, dia mengambil segenggam daripada tepung halus dan minyak dengan kesemua kemenyan dan mempersembahkannya dalam api di atas mazbah. Tindakan ini menghasilkan aroma menenangkan.

Apakah kepentingan menuang minyak di atas tepung?

"Minyak" merujuk pada lemak daripada haiwan atau minyak resin dihasilkan daripada tumbuh-tumbuhan. Campuran tepung halus dengan "minyak" melambangkan bahawa kita mesti memberi sebanyak tenaga kita - sepanjang hidup kita dalam memberikan persembahan kepada Tuhan. Apabila kita menyembah Tuhan atau memberi persembahan kepada-Nya, Tuhan menganugerahi kita ilham dan lengkapnya Roh Kudus dan membenarkan kita untuk menjalani hubungan yang langsung dan mesra dengan-Nya. Menuang minyak melambangkan bahawa apabila kita memberi apa-apa sahaja kepada Tuhan, kita mesti memberikan-Nya dengan sepenuh hati.

Apa pula maksud meletakkan kemenyan pada persembahan?

Kita baca dalam Roma 5:7, "Untuk seseorang yang adil pun sukar orang mahu mati. Barangkali untuk seseorang yang baik, ada juga orang yang berani mati." Hal ini mengikut ketentuan Tuhan bagi Yesus yang mengorbankan diri untuk kita yang tidak salih mahupun baik malah berdosa. Sekarang bayangkan betapa menenangkan aroma kasih sayang Yesus kepada Tuhan? Beginilah cara Yesus memusnahkan kuasa kematian, dihidupkan semula, duduk di tangan kanan Tuhan, menjadi Raja segala raja dan benar-benar menjadi aroma yang tidak ternilai di hadapan Tuhan.

Efesus 5:2 menggalakkan kita untuk "hiduplah di dalam kasih, sebagaimana Kristus Yesus juga telah mengasihi kamu dan telah menyerahkan diri-Nya untuk kita sebagai persembahan dan korban yang harum bagi Tuhan." Apabila Yesus diberikan kepada Tuhan sebagai korban, Dia seperti persembahan yang diletakkan dengan kemenyan. Oleh itu, apabila kita menerima kasih sayang Tuhan, kita juga mesti menawarkan diri dia sebagai pewangi dan aroma yang menenangkan, sama seperti yang Yesus lakukan.

"Meletakkan kemenyan atas tepung halus" bermakna sama seperti Yesus membesarkan Tuhan dengan aroma wangian melalui sifat dan tindakan-Nya, kita mesti menjalani Firman Tuhan dengan sepenuh hati kita dan membesarkan-Nya dengan mengeluarkan wangian Kristus. Hanya apabila kita memberikan persembahan kepada Tuhan sementara mengeluarkan wangian Krsitus barulah persembahan kita menjadi persembahan bijirin yang bernilai untuk penerimaan Tuhan.

2) Tiada Ragi atau Madu Ditambah

Imamat 2:11 menyatakan, "Korban sajian untuk TUHAN tak boleh dicampur dengan madu atau ragi, kerana madu dan ragi tak boleh dibakar untuk persembahan bagi TUHAN." Tuhan memerintahkan agar tiada ragi ditambah ke roti yang diberikan kepada Tuhan kerana apabila ragi menapai adunan yang diperbuat daripada tepung, "ragi" rohani juga akan merosakkan persembahan.

Tuhan yang tidak berubah dan sempurna mahukan persembahan kita untuk tidak rosak dan dipersembahkan kepada-Nya seperti tepung halus itu sendiri - daripada lubuk hati kita. Oleh itu, apabila kita memberi persembahan, kita mesti memberikan hati yang tidak berubah, bersih dan suci serta bersyukur dan mengasihi serta beriman dengan Tuhan.

Apabila memberikan persembahan, sesetengah orang berfikir akan cara tanggapan orang lain terhadap mereka dan memberi persembahan disebabkan takzim. Orang lain memberi persembahan dengan hati yang dipenuhi kehibaan dan kebimbangan. Walaupun begitu, apabila Yesus memberi amaran tentang ragi Farisi iaitu kepura-puraan, jika kita beri tetapi hanya berlakon suci pada luaran dan mencari pengiktirafan orang lain, hati kita akan menjadi persembahan bijirin yang dicemari ragi dan tiada kena-mengena dengan Tuhan.

Oleh itu, kita mesti memberi tanpa ragi dan daripada lubuk hati kita dengan kasih sayang untuk mensyukuri nikmat Tuhan. Kita jangan beri tanpa keikhlasan atau semasa bimbang dan gusar tanpa iman. Kita perlu beri dengan banyak dan dengan iman kepada Tuhan yang akan menerima persembahan kita dan merahmati kita dari segi rohani dan daging. Untuk mengajar kita makna rohani, Tuhan memerintahkan kita agar tiada persembahan diberikan dengan ragi.

Walau bagaimanapun, terdapat beberapa situasi yang Tuhan benarkan kita untuk berikan Dia persembahan dibuat dengan ragi. Persembahan ini tidak dibakar dalam api tetapi paderi akan meletakkan persembahan di hadapan dan belakang di mazbah untuk menyerupai pemberian persembahan kepada Tuhan dan membawa semula bagi manusia untuk berkongsi dan makan. Perkara ini dipanggil "persembahan lambai" dan dibenarkan untuk menambah ragi apabila prosedur diubah, bukan seperti persembahan bijirin.

Misalnya, orang beriman akan menghadiri perkhidmatan penyembahan bukan hanya pada Hari Ahad, tetapi bagi semua perkhidmatan yang lain. Apabila orang yang imannya lemah menghadiri Perkhidmatan Hari Ahad tetapi bukan Semalam Jumaat atau Perkhidmatan Malam Rabu, Tuhan tidak akan melihat tindakan itu sebagai sesuatu yang berdosa. Dari segi prosedur, di samping Perkhidmatan Hari Ahad mengikut set arahan dengan ketat, perkhidmatan penyembahan dengan ahli sel atau di rumah ahli gereja, walaupun mereka juga menurut struktur asas yang terdiri daripada mesej, doa dan pujian, prosedur boleh disesuaikan bergantung pada keadaan. Di samping memegang teguh dengan peraturan asas dan diperlukan, Tuhan masih membenarkan sedikit kefleksibelan bergantung pada situasi seseorang atau ukuran iman merupakan kepentingan rohani pemberian persembahan dibuat dengan ragi.

Mengapa Tuhan melarang penambahan madu?

Sama seperti ragi, madu juga boleh merosakkan sifat tepung halus. Madu di sini merujuk sirap manis yang terhasil daripada jus kurma di Palestin dan ia boleh menapai dan mereput dengan mudah. Disebabkan hal ini, Tuhan melarang kerosakan integriti tepung dengan penambahan madu. Dia juga memberitahu kita bahawa apabila anak Tuhan menyembah atau memberikan-Nya persembahan, kita mesti berbuat demikian daripada hati sempurna yang tidak menipu atau berubah.

Orang mungkin menganggap penambahan madu akan meningkatkan kualiti persembahan tersebut. Tanpa mengira jika persembahan itu tampak menarik kepada manusia, Tuhan gembira untuk menerima persembahan yang diperintahkan oleh-Nya dan dijanjikan oleh manusia untuk diberi kepada-Nya. Sesetengah orang berjanji pada awal untuk memberi sesuatu yang spesifik kepada Tuhan tetapi apabila situasi berubah, mereka mengubah minda mereka dengan sendiri dan memberikan persembahan yang lain. Tuhan membenci tindakan orang yang mengubah fikiran mereka berkaitan dengan sesuatu yang diperintahkan Tuhan atau mengubah fikiran mereka berkaitan dengan sesuatu yang dijanjikan untuk memperoleh kepentingan peribadi apabila kerja Roh Kudus terlibat. Oleh itu, jika seseorang telah bersumpah untuk mempersembahkan haiwan, dia sepatutnya mempersembahkannya kepada Tuhan seperti yang dicatatkan dalam Imamat 27:9-10, yang menyatakan, "Jikalau itu termasuk haiwan yang boleh dipersembahkan sebagai persembahan kepada TUHAN, maka apapun daripada haiwan itu yang dipersembahkan orang itu kepada TUHAN haruslah kudus. Janganlah ia menggantinya dan janganlah ia menukarnya, yang baik dengan yang buruk atau yang buruk dengan yang baik. Tetapi jikalau ia menukar juga seekor haiwan dengan seekor haiwan lain, maka baik haiwan itu mahupun tukarnya haruslah kudus."

Tuhan bukan sahaja mahu kita memberi persembahan kepada-Nya dengan hati yang suci, tetapi juga dengan segala perkara. Jika hati kita goyah atau ingin menipu, tindakan yang tidak boleh diterima Tuhan akan dipaparkan mengikut ciri-ciri sebegitu. Misalnya, Raja Saul mengabaikan perintah Tuhan dan mengubahnya mengikut keinginan raja tersebut. Akibatnya, dia mengingkari Tuhan. Tuhan memerintahkan Saul untuk memusnahkan raja Amalek, semua rakyat dan haiwan. Walaupun selepas memenangi peperangan dengan kuasa Tuhan, Saul masih tidak menuruti perintah Tuhan. Dia membela dan membawa semula raja Amalek iaitu Agag dan haiwan terbaik. Walaupun setelah ditegur, Saul tidak bertaubat tetapi tetap ingkar dan akhirnya diabaikan Tuhan.

Bilangan 23:19 memberitahu kita, "Tuhan bukanlah manusia, sehingga Ia berdusta bukan anak manusia, sehingga Ia menyesal." Agar kita disenangi Tuhan, hati kita mesti diubah menjadi hati bersih terlebih dahulu. Tanpa mengira betapa bagusnya sesuatu perkara tampak di mata manusia dan cara pemikirannya, jangan sekali-kali seseorang melakukan perkara yang dilarang Tuhan dan hal ini tidak akan berubah walaupun zaman berubah. Apabila manusia menurut ketentuan Tuhan dengan hati yang bersih dan tetap, Tuhan gembira. Dia menerima persembahan dan merahmatinya.

Imamat 2:12 menyatakan "Dari hasil tanah yang pertama setiap tahun, sebahagian harus dipersembahkan kepada TUHAN, tetapi tak boleh dibakar di atas mazbah." Persembahan mestilah mempunyai aroma wangi yang diterima oleh Tuhan dengan gembira. Di sini, Tuhan memberitahu kita bahawa persembahan bijirin tidak boleh diletakkan di atas mazbah bagi tujuan mempersembahkannya dalam api dan mengeluarkan aroma sahaja. Tujuan kita memberi persembahan bijirin bukan pada tindakan sahaja, tetapi mempersembahkan wangian dalam hati kepada Tuhan.

Tanpa mengira bilangan perkara baik yang diberikan, jika ia

tidak diberikan dengan hati yang baik yang akan diperkenan oleh Tuhan, ia boleh jadi aroma yang wangi kepada manusia tetapi bukan bagi Tuhan. Hal ini serupa dengan cara hadiah kanak-kanak kepada ibu bapa mereka diberi dengan hati yang penuh dengan kesyukuran dan kasih sayang bagi hawa kurnia dilahirkan dan dibesarkan dengan penuh kasih sayang, bukan setakat kerana takzim sahaja, akan menjadi sumber kegembiraan sebenar bagi ibu bapa.

Dengan cara yang sama, Tuhan tidak mahu kita memberi persembahan kerana wajib dan meyakinkan diri sendiri bahawa "Saya telah melakukan perkara wajib," tetapi mengeluarkan wangian hati kita yang dipenuhi dengan iman, harapan dan kasih sayang.

3) Perasakan dengan Garam

Kita baca dalam Imamat 2:13, "Setiap korban bijirin harus diberi garam, kerana garam menandakan perjanjian Tuhan dengan kamu. Jadi semua persembahan harus diberi garam." Garam mencair dalam makanan dan menghalangnya daripada rosak dan memberikan makanan perisa dengan memperasakannya.

"Memperasakan dengan garam" secara rohaninya melambangkan "berdamai." Sama seperti garam perlu mencair bagi makanan diperasakan, memainkan peranan garam dengan berdamai memerlukan pengorbanan kematian itu sendiri. Oleh itu, perintah Tuhan agar persembahan bijirin diperasakan dengan garam bermakna kita mesti memberi persembahan kepada Tuhan dengan mengorbankan diri kita untuk berdamai.

Hingga hari ini, kita mesti menerima Yesus Kristus terlebih dahulu dan berdamai dengan Tuhan dengan berlawan sehingga menumpahkan darah untuk membuang dosa, kejahatan, nafsu dan diri kita yang dahulu.

Bayangkan seseorang melakukan dosa dengan rela, perkara yang dianggap keji oleh Tuhan dan memberikan persembahan kepada Tuhan tanpa bertaubat akan dosanya. Tuhan tidak boleh menerima persembahan dengan gembira kerana perdamaian antara orang tersebut dengan Tuhan telah musnah. Disebabkan hal inilah pemazmur menulis, "Sekiranya aku senang memikirkan kejahatan, pasti TUHAN tak mahu mendengarkan." (Mazmur 66:18). Tuhan akan menerima bukan setakat doa kita tetapi juga persembahan kita dengan gembira hanya setelah kita berpisah dengan dosa, berdamai dengan-Nya dan memberi persembahan kepada-Nya.

Berdamai dengan Tuhan memerlukan setiap orang untuk berkorban kematiannya sendiri. Sama seperti yang diakui oleh Hawari Paulus, "Aku mati setiap hari," hanya apabila seseorang menolak keinginan diri dan berkorban kematian sendiri, barulah dia boleh berdamai dengan Tuhan.

Kita juga mesti berdamai dengan saudara seagama kita. Yesus memberitahu kita dalam Matius 5:23-24, "Oleh sebab itu, kalau salah seorang di antara kalian sedang mempersembahkan pemberiannya kepada Tuhan, lalu teringat bahwa ada orang yang sakit hati terhadapnya, hendaklah ia meninggalkan dahulu persembahannya itu di depan mazbah, lalu pergi berdamai dengan orang itu. Sesudah itu, dapatlah ia kembali dan mempersembahkan pemberiannya kepada Tuhan." Tuhan tidak akan menerima persembahan kita dengan gembira jika kita berdosa, bertindak dengan jahat dan menyeksa saudara seagama kita dalam Kristus.

Walaupun saudara seagama kita telah berbuat jahat kepada kita, kita tidak boleh membenci atau mengutuknya, malah kita perlu memaafkan dan berdamai dengannya. Tanpa mengira sebab, kita tidak boleh berpecah dan bergaduh, melukakan dan menyebabkan saudara seagama kita dalam Kristus jatuh. Hanya setelah kita berdamai dengan semua orang dan hati kita dipenuhi dengan Roh Kudus, kegembiraan dan kesyukuran, barulah persembahan kita

telah 'diperasakan dengan garam.'
Selain itu, perintah Tuhan "Perasakan dengan garam" merupakan makna teras perjanjian seperti yang dijumpai dalam "garam perjanjian dengan Tuhanmu." Garam diperoleh daripada air laut dan laut melambangkan Firman Tuhan. Sama seperti garam yang memberikan rasa masin, Firman Tuhan dalam perjanjian juga tidak pernah berubah.

"Perasakan dengan garam" persembahan yang kita beri bermakna kita mesti mempercayai dalam perjanjian Tuhan beriman yang tidak berubah dan beri dengan sepenuh hati. Dalam memberi persembahan kesyukuran, kita mesti percaya bahawa Tuhan tentunya akan membalas semula serta merahmati kita 30, 60 hingga 100 kali pemberian kita.

Sesetengah orang berkata, "Saya memberi bukan untuk menerima rahmat, saya lakukannya kerana saya mahu." Namun, Tuhan lebih gembira dengan iman orang yang mencari rahmat-Nya dengan rendah hati. Ibrani 11 memberitahu kita apabila Musa melepaskan takhta putera Mesir, dia "menunggu ganjaran" yang akan Tuhan berikan kepadanya. Yesus kita yang juga mencari ganjaran, tidak kisah dimalukan di salib. Dengan melihat pada hasil yang besar - kebesaran yang Tuhan kurniakan kepada-Nya dan penyelamatan umat manusia - Yesus dapat menahan hukuman menyakitkan disalib dengan mudah.

Tentulah, "pencarian ganjaran" seseorang benar-benar berbeza daripada hati yang berkira yang menjangka untuk menerima sesuatu kerana dia sudah memberikan sesuatu. Walaupun tiada ganjaran, seseorang yang mengasihi Tuhan mungkin bersedia untuk mengorbankan dirinya. Walau bagaimanapun, memahami hati Bapa Tuhan Kita yang ingin merahmatinya dan beriman dengan kuasa Tuhan, apabila manusia mencari rahmat, tindakannya akan lebih menggembirakan Tuhan. Tuhan berjanji bahawa manusia akan mendapat balasan setimpal dengan tindakannya, dan Dia akan merahmati orang yang mencari rahmat. Tuhan gembira dengan pemberian persembahan kita dalam Firman-Nya dan juga iman kita yang digunakan untuk meminta rahmat-Nya mengikut janji-Nya.

4) Baki Persembahan Bijirin milik Harun dan Anak-anaknya

Semasa persembahan bakar dibakar sepenuhnya dalam api di mazbah, persembahan bijirin dibawa kepada paderi dan hanya sebahagian diberikan kepada Tuhan dalam api di mazbah. Hal ini bermakna walaupun kita perlu memberi pelbagai perkhidmatan penyembahan dengan sepenuh hati, persembahan kesyukuran - persembahan bijirin - diberi kepada Tuhan agar persembahan digunakan bagi kerajaan dan kesalihan Tuhan, dan bahagian mereka digunakan untuk paderi yang kini merupakan hamba Tuhan dan pekerja dalam gereja. Seperti yang dinyatakan dalam Galatia 6:6, "Orang yang menerima pengajaran Kristus, hendaknya menyampaikan kepada gurunya semua yang baik yang ada padanya," apabila ahli gereja yang menerima hawa kurnia daripada Tuhan memberikan persembahan kesyukuran, hamba Tuhan yang menyampaikan Firman berkongsi persembahan kesyukuran.

Persembahan bijirin diberi kepada Tuhan bersama-sama persembahan bakar dan menjadi model perkhidmatan sepanjang hidup yang dijalani oleh Yesus Kristus sendiri. Oleh itu, kita mesti memberikan persembahan dengan iman dengan sepenuh hati kita. Saya berharap agar setiap pembaca akan menyembah dalam cara yang betul mengikut ketentuan Tuhan dan menerima rahmat yang banyak setiap hari dengan memberi persembahan wangi kepada Tuhan yang diperkenan oleh-Nya.

Bab 5

Persembahan Perdamaian

"Apabila seseorang mempersembahkan seekor sapi untuk korban perdamaian, sapi itu boleh jantan, boleh betina, tetapi tak boleh ada cacatnya di hadapan TUHAN."

Imamat 3:1

1. Kepentingan Persembahan Perdamaian

Direkodkan dalam Imamat 3 adalah ketetapan berkenaan persembahan perdamaian. Penawaran perdamaian melibatkan membunuh haiwan tanpa kecacatan, menumpahkan darahnya di sekitar bahagian mazbah dan mempersembahkan lemaknya dengan membakarnya di mazbah kepada Tuhan sebagai aroma wangi. Walaupun prosedur bagi persembahan perdamaian serupa dengan persembahan yang dibakar, terdapat beberapa perbezaan. Sesetengah orang salah anggap tujuan persembahan perdamaian dan berasa ia sebagai suatu cara untuk diampunkan dosa; tujuan utama persembahan bersalah dan persembahan dosa adalah untuk pengampunan dosa.

Persembahan perdamaian bertujuan untuk mencapai perdamaian antara Tuhan dan kita dan persembahan ini membolehkan manusia menzahirkan kesyukuran, bersumpah atas nama Tuhan dan menyerah diri kepada Tuhan dengan rela. Tujuan persembahan perdamaian adalah untuk berdamai dengan Tuhan agar mereka boleh mempercayai Tuhan sepenuh hati dalam segala aspek kehidupan mereka. Persembahan ini dipersembahkan secara berasingan oleh orang yang telah diampunkan dosa mereka melalui persembahan dosa dan persembahan bakar dan kini mempunyai hubungan mesra dengan Tuhan.

Walaupun bijirin yang dipersembahkan dalam Imamat 2 dianggap sebagai persembahan kesyukuran, ia merupakan persembahan konvensional yang diberi kerana mensyukuri Tuhan yang telah menyelamatkan, melindungi dan menyediakan kita dengan roti harian dan berbeza daripada persembahan perdamaian dan kesyukuran yang dizahirkan dalam persembahan tersebut. Selain daripada persembahan kesyukuran yang kita beri pada hari Ahad, kita memberikan persembahan kesyukuran yang berasingan apabila terdapat sebab istimewa yang lain untuk memanjatkan kesyukuran. Persembahan perdamaian menyertakan persembahan yang diberi dengan ikhlas untuk menyenangi hati Tuhan, untuk memisahkan dan memelihara kesucian diri untuk hidup menurut firman Tuhan dan untuk menerima daripada-Nya keinginan hati seseorang.

Walaupun persembahan perdamaian membawa pelbagai maksud, namun tujuan utama persembahan ini adalah untuk berdamai dengan Tuhan. Sebaik sahaja kita berdamai dengan Tuhan, Dia memberikan kita kekuatan agar kita boleh hidup dalam kebenaran, memakbulkan keinginan hati kita dan memberi hawa kurnia agar kita boleh memenuhi setiap janji yang kita lakukan atas nama-Nya.

Seperti yang diberitahu dalam 1 Yohanes 3:21-22, "Jadi, Saudara-saudaraku yang tercinta, kalau hati kita tidak menyalahkan kita, kita dapat menghadap Tuhan dengan keberanian. Dan apa yang kita minta daripada-Nya, kita mendapatnya, kerana kita taat kepada perintah-Nya dan melakukan apa yang menyenangi hati-Nya.," apabila kita menjadi yakin di hadapan Tuhan dengan menjalani kehidupan menurut kebenaran, kita akan berdamai dengan-Nya dan menikmati kerja-Nya dalam apa jua yang kita minta pada-Nya. Jika kita menyenangi-Nya dengan persembahan istimewa, dapatkah anda bayangkan betapa pantasnya Tuhan akan memakbulkan doa dan merahmati kita?

Oleh itu, penting agar kita memahami maksud persembahan bijirin dan persembahan perdamaian serta membezakan persembahan bijirin daripada persembahan bagi persembahan perdamaian dengan betul agar Tuhan akan menerima persembahan kita dengan gembira.

2. Persembahan dalam Persembahan Perdamaian

Tuhan berfirman kepada kita dalam Imamat 3:1, "'Apabila seseorang mempersembahkan seekor sapi untuk korban perdamaian, sapi itu boleh jantan, boleh betina, tetapi tak boleh ada cacatnya." Sama ada persembahan perdamaian adalah seekor kambing biri-biri atau kambing dan sama ada jantinanya jantan atau betina, ia mestilah dalam keadaan sempurna (Imamat 3:6, 12). Persembahan dibakar memerlukan seekor sapi atau kambing biri-biri yang tidak cacat. Hal ini adalah kerana pengorbanan sempurna bagi persembahan bakar - bagi layanan rohani penyembahan - melambangkan Yesus Kristus, Anak Tuhan tanpa dosa.

Walau bagaimanapun, apabila kita memberikan Tuhan persembahan perdamaian untuk berdamai dengan-Nya, anda tidak perlu membezakan antara jantan atau betina selagi persembahan itu tiada cacat cela. Tiada perbezaan antara jantan atau betina dalam memberikan persembahan perdamaian dinyatakan dalam Roma 5:1: "Sekarang kita sudah berbaik kembali dengan Tuhan, kerana kita percaya. Dan oleh sebab itu kita hidup dalam kedamaian dengan Tuhan melalui Tuhan kita Yesus Kristus." Dalam mengecapi perdamaian dengan Tuhan melalui darah Yesus pada salib, tiada perbezaan antara jantan dan betina.

Apabila Tuhan memerintahkan agar persembahan itu "tanpa cacat cela", Dia menginginkan kita untuk memberi kepada-Nya hati seorang kanak-kanak yang cantik dan bukan semangat yang sudah patah. Kita jangan sesekali beri tanpa ikhlas sambil mencari pengiktirafan orang lain, tetapi dengan rela dan dengan iman. Lazim bagi kita untuk memberi persembahan sempurna apabila memberi persembahan kesyukuran bagi kasih kurnia penyelamatan Tuhan. Persembahan yang diberi kepada Tuhan agar kita boleh mempercayai-Nya dalam setiap aspek kehidupan kita agar Dia akan sentiasa berada bersama dan melindungi kita dan agar kita dapat hidup mengikut ketentuan-Nya, haruslah merupakan persembahan terbaik yang boleh kita berikan dan diberi dengan segala jiwa dan raga kita.

Apabila membandingkan persembahan dalam persembahan

bakar dan persembahan perdamaian, terdapat fakta menarik yang perlu kita ketahui: burung merpati telah dikecualikan daripada persembahan. Jadi mengapa? Tidak kiralah betapa miskinnya seseorang itu, persembahan bakar mesti dipersembahkan oleh semua orang dan kerana itulah Tuhan membenarkan persembahan burung merpati yng sangat kecil nilainya.

Misalnya, apabila seorang mualaf dalam Kristian dengan iman yang lemah dan kecil hanya menghadiri Ceramah Ahad, Tuhan menganggap perbuatan tersebut sebagai persembahan bakar. Jikalau keseluruhan persembahan bakar dipersembahkan kepada Tuhan apabila orang beriman hidup berlandaskan firma Tuhan dengan sepenuhnya, mengekalkan hubungan yang langsung dan mendekati Tuhan dan menyembah-Nya dari segi semangat dan kebenaran, bagi mualaf yang menjaga kesucian Hari Tuhan. Dia akan menganggapnya sebagai persembahan seekor burung merpati yang nilainya kecil sebagai persembahan bakar dan membimbingnya ke jalan penyelamatan.

Walau bagaimanapun, persembahan perdamaian bukanlah persembahan yang diwajibkan, tetapi persembahan yang dibuat secara sukarela. Ia diberi kepada Tuhan agar manusia menerima jawapan dan rahmat dengan menyenangi Tuhan. Jika burung merpati yang nilainya sedikit diberi, makna dan tujuan persembahan itu akan hilang sebagai persembahan istimewa dan kerana itulah burung merpati telah dikecualikan.

Bayangkan seseorang ingin memberi persembahan untuk memenuhi janji atau sumpah, keinginan yang mendalam atau untuk menerima penyembuhan Tuhan bagi penyakit yang tidak boleh diubati atau membawa maut. Dengan hati jenis apa yang perlu ada sewaktu mempersembahkan persembahan? Ia akan disediakan dengan sepenuh hati berbanding persembahan kesyukuran yang kerap diberi. Tuhan akan sangat gembira jika kita mempersembahkan kepada-Nya sapi atau bergantung pada keadaan seseorang, jika kita mempersembahkan-Nya sapi betina atau kambing biri-biri atau biri, tetapi nilai burung merpati sebagai persembahan adalah terlalu kecil maknanya.

Tentulah kita tidak mengatakan bahawa "nilai" persembahan bergantung pada nilai wang ia sepenuhnya. Apabila setiap orang menyediakan persembahan dengan sepenuh hati dan minda dan sangat mengambil berat tentangnya mengikut keadaannya sendiri, Tuhan akan menilai nilai persembahan tersebut berdasarkan aroma rohani yang terkandung di dalamnya.

3. Memberikan Persembahan Perdamaian

1) Meletakkan Tangan pada Kepala Persembahan Perdamaian dan Menyembelihnya di Gerbang Pintu Khemah Pertemuan

Jika orang yang membawa persembahan meletakkan tangannya di atas kepada persembahan di gerbang pintu khemah pertemuan, dia menyalurkan dosanya kepada haiwan tersebut. Apabila orang yang memberi persembahan perdamaian meletakkan tangannya di atas persembahan, dia memisahkan haiwan tersebut sebagai persembahan yang akan diberi kepada Tuhan dan maka telah mengurapinya.

Untuk menjadikan persembahan yang telah kita letakkan tangan di atas kepalanya menyenangi Tuhan. kita jangan menentukan jumlah mengikut fikiran daging tetapi menurut ilham daripada Roh Kudus. Hanya persembahan sebegitu akan diterima dengan gembira oleh Tuhan, diasingkan dan diurapi.

Setelah meletakkan tangannya pada kepala persembahan, orang yang memberikan persembahan menyembelihnya di gerbang pintu khemah pertemuan. Semasa zaman Perjanjian Lama, hanya paderi boleh memasuki tempat perlindungan dan rakyat membunuh haiwan di pintu khemah pertemuan. Walau bagaimanapun, selepas dinding dosa yang telah berdiri dengan jalan kita kepada Tuhan telah dimusnahkan oleh Yesus Kristus, kita boleh masuk ke tempat kudus itu, menyembah Tuhan, dan mempunyai persekutuan langsung dan intim dengan-Nya.

2) Anak Paderi Harun Memercikkan Darah di Sekitar Mezbah

Imamat 17:11 memberitahu kita, "Nyawa makhluk ada di dalam darah, dan aku telah memberi kepadamu di atas mezbah untuk mengadakan pendamaian bagi nyawa kamu; kerana ia adalah darah oleh sebab kehidupan yang membuat pendamaian. " Ibrani 9:22 juga memberitahu kita, "Dan menurut Undang-undang, seseorang hampir boleh berkata, semua perkara-perkara yang dibersihkan dengan darah, dan tanpa penumpahan darah tidak ada pengampunan," dan mengingatkan kita bahawa hanya dengan darah kita boleh disucikan. Dalam memberikan persembahan keselamatan kepada Tuhan untuk hubungan rohani dan intim dengan Tuhan, percikan darah adalah perlu kerana hubungan kita dengan Tuhan telah terputus, dan kita tidak boleh hidup berdamai dengan Dia tanpa perbuatan darah Yesus Kristus.

Paderi memercikan darah di sekeliling mezbah yang menandakan bahawa di mana sahaja kaki kita membawa kita dan dalam apa jua keadaan di mana kita dapat diri kita sendiri, kedamaian dengan Tuhan sentiasa dicapai. Untuk melambangkan bahawa Tuhan sentiasa bersama kita, berjalan dengan kita, melindungi kita dan memberkati kita di mana sahaja kita pergi, dalam apa jua yang kita lakukan, dan dengan sesiapa kita, darah ditaburkan di atas mezbah.

3) Dari Pengorbanan bagi Persembahan Kedamaian Disampaikan melalui Api kepada TUHAN

Imamat 3 menghuraikan tentang kaedah untuk mengorbankan bukan sahaja sapi tetapi juga anak-anak domba dan kambing sebagai persembahan keamanan. Sebagai kaedah yang hampir sama, kita akan memberi tumpuan kepada persembahan sapi jantan sebagai persembahan keamanan. Dalam membandingkan persembahan keamanan dengan persembahan bakaran, kita tahu bahawa semua bahagian persembahan berkulit diberikan kepada Tuhan. Kepentingan persembahan bakaran adalah perkhidmatan rohani ibadat, dan sebagai penyembahan yang ditawarkan sepenuhnya hanya kepada Tuhan, persembahan telah dibakar sepenuhnya.

Dalam memberikan persembahan keamanan, tidak semua bahagian dari persembahan diberikan. Seperti yang kita baca dalam Imamat 3:3b-4, "lemak yang menutupi isi perut dan segala lemak yang melekat pada isi perut, dan kedua buah pinggang dan segala lemak yang melekat padanya, yang pada pinggangnya, dan hati, yang dia akan keluarkan dengan buah pinggang," lemak yang menutupi bahagian-bahagian penting dalam isi perut haiwan itu adalah yang akan ditawarkan kepada Tuhan sebagai aroma wangi. Pemberian lemak bahagian yang berlainan dari haiwan menunjukkan bahawa kita mesti selalu hidup berdamai dengan Tuhan di mana sahaja kita berada dan apa sahaja keadaan yang kita alami.

Berdamai dengan Tuhan juga memerlukan kita untuk selalu hidup berdamai dengan semua orang dan kejarlah kekudusan. Hanya apabila kita berada dalam perdamaian dengan semua orang, kita dapat menjadi sempurna sebagai anak-anak Tuhan (Matius 5:46-48).

Selepas lemak dari korban yang akan diberikan kepada Tuhan telah dikeluarkan, bahagian-bahagian yang dikhaskan untuk para paderi dikeluarkan. Kita membaca dalam Imamat 7:34, "Sebab Aku telah mengambil dada bagi persembahan unjukan dan paha sumbangan dari anak-anak Israel dari korban keamanan mereka dan telah memberikan ia kepada Harun, dan kepada anak-anaknya. " Sama seperti bahagian korban sajian telah dikhaskan untuk paderi, bahagian korban keamanan yang orang beri kepada Tuhan dikhaskan untuk mata pencarian paderi dan orang-orang Lewi, kedua-duanya mengabdikan diri kepada Tuhan dan umat-Nya. Ini adalah sama pada zaman Perjanjian Baru. Melalui persembahan diberikan kepada Tuhan dengan orang yang beriman, pekerjaan Tuhan untuk keselamatan jiwa dilakukan dan kehidupan hamba-hamba Tuhan dan pekerja gereja dikekalkan. Selepas mengeluarkan bahagian untuk Tuhan dan para imam, bakinya dimakan oleh orang yang memberikan persembahan; ini adalah ciri-ciri yang unik untuk persembahan keamanan. Orang yang memberikan persembahan menunjukkan bahawa Tuhan akan menunjukkan persembahan yang telah layak dalam Syurga-Nya melalui apa-apa keterangan jawapan dan keberkatan.

4. Statut berkenaan Lemak dan Darah

Apabila haiwan terbunuh sebagai persembahan untuk diberikan kepada Tuhan, imam memercikkan darah di atas mezbah. Tambahan pula, kerana semua lemak itu milik TUHAN, mereka dianggap sebagai suci dan dipersembahkan dibakar di atas mezbah sebagai aroma wangi yang disukai Tuhan. Orang-orang di zaman Perjanjian Lama tidak makan lemak dan darah, kerana lemak dan darah adalah berkaitan dengan kehidupan. Darah mewakili kehidupan daging dan lemak, sebagai intipati badan, adalah juga sama seperti kehidupan. Lemak ini memudahkan operasi dan aktiviti kehidupan yang lancar.

Apa kepentingan rohani yang dimaksudkan dengan "lemak"?
"Lemak" melambangkan penjagaan yang terbaik iaitu hati yang sempurna. Memberi lemak dalam sebagai persembahan api bermakna yang kita berikan kepada Tuhan dengan segala-galanya yang kita ada dan diri kita. Ia merujuk kepada penjagaan yang terbaik dan hati yang tulus yang mana seseorang itu memberikan

persembahan sesuai dengan penerimaan Tuhan. Walaupun kandungan dalam membuat persembahan kesyukuran ke mezbah untuk mencapai keamanan dengan menjaga hati-Nya atau memberi diri dalam ketaatan kepada Tuhan adalah penting, yang lebih penting adalah jenis hati dan tahap ketelitian dengan persembahan itu diberikan. Jika seseorang yang telah melakukan salah dalam pandangan Tuhan membuat persembahan untuk hidup berdamai dengan Dia, persembahan perlu dibuat dengan pengabdian yang lebih besar dan hati yang lebih sempurna.

Sudah tentu, pengampunan dosa memerlukan persembahan penghapus dosa atau kesalahan. Walau bagaimanapun, ada kalanya apabila seseorang berharap untuk pergi melebihi untuk menerima pengampunan yang mudah bagi dosa selain berdamai dengan Tuhan dengan menjaga hati-Nya. Sebagai contoh, apabila kanak-kanak telah melakukan salah terhadap bapanya dan melukai hatinya, hati bapa boleh cair dan keamanan sebenar dapat dicapai antara kedua-dua jika dia membuat segala usaha untuk menggembirakan ayahnya, bukan semata-mata mengatakan bahawa dia meminta maaf dan menerima pengampunan atas salah lakunya.

Tambahan pula, "lemak" juga merujuk kepada doa dan kepenuhan Roh Kudus. Dalam Matius 25 lima anak dara berhemat yang membawa minyak di dalam termos bersama-sama dengan pelita-pelitanya, dan lima anak dara yang bodoh, yang tidak membawa minyak bersama mereka dan dengan itu tidak dibenarkan masuk ke majlis perkahwinan. Di sini, "minyak" secara rohani melambangkan doa dan kepenuhan Roh Kudus. Hanya apabila kita menerima kepenuhan Roh Kudus melalui doa dan tersedar, kita dapat mengelakkan dari tercemar oleh hawa nafsu duniawi dan menunggu Tuhan kami, pengantin lelaki, setelah menyiapkan diri kita sebagai pengantin-Nya yang indah.

Doa mesti mengiringi persembahan keamanan diberikan

kepada Tuhan untuk mendapat keredaan Tuhan dan menerima jawapan-Nya. Doa tidak perlu menjadi formaliti semata-mata; ia mesti dipersembahkan dengan segenap hati dan dengan segala-galanya yang kita ada, sama seperti peluh Yesus menjadi seperti titik-titik darah, jatuh ke tanah apabila Dia berdoa di Getsemani. Sesiapa yang berdoa dengan cara ini pasti akan melawan dan membuang dosa, disucikan, dan menerima inspirasi dan kepenuhan Roh Kudus dari atas. Apabila seseorang pada memberikan persembahan keamanan kepada Tuhan, Dia akan gembira dan memberikan jawapan-Nya dengan pantas.

Persembahan keamanan adalah persembahan yang diberikan kepada Tuhan dalam kepercayaan yang lengkap, supaya kita boleh menjalani kehidupan yang berharga dalam syarikat-Nya dan di bawah perlindungan-Nya. Dalam berdamai dengan Tuhan, kita mesti berpaling daripada cara kami yang tidak disukai dari pandangan-Nya; kita mesti memberikan persembahan kepada-Nya dengan segenap hati dan dengan gembira, serta menerima kepenuhan Roh Kudus melalui doa. Kemudian kami akan menjadi penuh dengan harapan untuk Syurga dan melalui kehidupan berjaya dengan mempunyai keamanan dengan Tuhan. Saya berharap bahawa setiap pembaca akan sentiasa menerima jawapan dan berkat Tuhan dengan berdoa dalam inspirasi dan kepenuhan Roh Kudus dengan segenap hatinya dan memberi kepada-Nya persembahan keselamatan yang menyenangkan di sisi-Nya.

Bab 6

Persembahan Dosa

"Jika seseorang berbuat dosa secara tidak sengaja dalam mana-mana perkara yang dilarang TUHAN, dan melakukan apa-apa daripadanya, jika dosa-dosa paderi diurapi bagi mendatangkan dosa atas orang-orang, maka hendaklah ia mempersembahkan kepada TUHAN seekor sapi tanpa kecacatan sebagai persembahan dosa bagi dosa yang telah dilakukan. "

Imamat 4:2-3

1. Kepentingan dan Jenis Persembahan Dosa

Dengan iman kita kepada Yesus Kristus dan kerja-kerja darah-Nya, kita telah diampuni semua dosa-dosa kita dan tiba di keselamatan. Walau bagaimanapun, untuk iman kita untuk diakui sebagai benar, kita mesti mengaku bukan sahaja di bibir, "Saya percaya," tetapi melakukan dengan perbuatan dan dalam kebenaran. Apabila kita tunjukkan di hadapan Tuhan sebagai bukti perbuatan iman yang Tuhan iktiraf, Dia akan melihat iman itu dan mengampuni dosa-dosa kita.

Bagaimana kita boleh menerima pengampunan dosa dengan iman? Sudah tentu, setiap anak Tuhan mesti sentiasa hidup di dalam cahaya dan tidak melakukan dosa. Namun, jika terdapat dinding berdiri antara Tuhan dan orang yang beriman yang melakukan dosa apabila dia belum sempurna, dia perlu tahu penyelesaian dan bertindak sewajarnya. Penyelesaian itu terdapat dalam Firman Tuhan mengenai persembahan penghapus dosa.

Persembahan dosa, seperti yang kita baca, ia persembahan yang diberikan kepada Tuhan sebagai pendamaian bagi dosa-dosa yang kita telah lakukan dalam kehidupan kita, dan kaedah yang berbeza-beza mengikut tugas yang Tuhan kurniakan dan ukuran individu bagi iman. Imamat 4 membincangkan persembahan dosa yang akan ditawarkan oleh imam diurapi, segenap umat itu, pemimpin, dan rakyat biasa.

2. Persembahan Dosa Imam yang Diurapi

Tuhan memberitahu Musa dalam Imamat 4:2-3, "Bercakap dengan umat Israel, 'Jika seseorang berbuat dosa secara tidak sengaja dalam mana-mana perkara yang dilarang TUHAN, dan melakukan apa-apa daripadanya, jika dosa-dosa paderi diurapi bagi mendatangkan dosa atas orang-orang, maka hendaklah ia mempersembahkan kepada TUHAN seekor sapi tanpa kecacatan sebagai persembahan dosa bagi dosa yang telah dilakukan. '" Di sini, "anak-anak Israel" secara rohani merujuk kepada semua anak-anak Tuhan. Masa apabila "seorang berdosa secara tidak sengaja dalam mana-mana perkara yang dilarang TUHAN, dan melakukan apa-apa daripadanya" adalah apabila undang-undang Tuhan, yang terdapat dalam firman-Nya yang dicatatkan pada 66 Buku Alkitab, yang Dia " perintahkan untuk tidak dilakukan, "telah dicabuli.

Apabila paderi - terma pada zaman sekarang, seorang menteri yang mengajar dan memberitakan firman Tuhan - melanggar hukum Tuhan, upah dosa tersebar sehingga ke rakyat. Kerana dia tidak diajar kambing domba-Nya dalam kebenaran atau hidup dengan kebenaran, dosanya adalah kubur; walaupun dia telah melakukan dosa tanpa disedari, ia tetap amat memalukan bahawa seorang menteri tidak memahami kehendak Tuhan.

Sebagai contoh, jika seorang menteri tidak betul mengajar kebenaran, kambing domba-Nya akan mempercayai kata-katanya; menentang kehendak Tuhan; dan gereja secara keseluruhan membina tembok dosa di hadapan Tuhan. Dia telah berkata kepada kita, "Jadilah suci," "Menahan diri dari setiap bentuk kejahatan," dan "Berdoalah tanpa henti." Kini, apa yang akan berlaku jika seorang menteri berkata: "Yesus telah menebus kita dari segala dosa-dosa kita. Oleh itu, kita akan diselamatkan selagi kita pergi ke gereja "? Ketika Yesus memberitahu kita dalam Matius 15:14, "Jika seorang yang buta memimpin orang buta, kedua-duanya akan jatuh ke dalam lubang," upah dosa menteri adalah besar kerana kedua-dua menteri dan kambing domba itu akan menjauhi Tuhan. Jika imam berdosa "untuk mendatangkan dosa atas rakyat," dia mesti membuat persembahan dosa kepada Tuhan.

1) Sapi Jantan tanpa Cacat sebagai Persembahan Dosa

Apabila imam diurapi berdosa, ia adalah "untuk mendatangkan

dosa atas rakyat" dan dia mesti tahu bahawa upah dosa-dosanya adalah besar. Dalam 1Samuel 2-4 kita dapati apa yang berlaku apabila anak-anak paderi Eli melakukan dosa-dosa dengan mengambil persembahan yang telah diberikan kepada Tuhan untuk kepentingan mereka sendiri. Apabila Israel kalah peperangan terhadap orang Filistin, anak-anak Eli terbunuh dan 30,000 askar Israel kehilangan nyawa. Walaupun Tabut Tuhan diambil, Israel secara keseluruhan menjadi bahan persembahan.

Itulah sebabnya persembahan pendamaian menjadi yang paling berharga sekali: sapi jantan yang tidak cacat. Di antara semua persembahan, Tuhan senang hati menerima sapi jantan dan kambing jantan, dan nilai sapi jantan adalah lebih besar. Untuk korban penghapus dosa, paderi harus menawarkan bukan sahaja apa-apa sapi jantan tetapi sapi jantan yang tidak cacat; ini secara rohani menunjukkan bahawa persembahan tidak boleh diberikan dengan berat hati atau tanpa kegembiraan; setiap persembahan perlu menjadi persembahan yang hidup keseluruhan.

2) Memberikan Persembahan Dosa

Paderi membawa sapi jantan yang akan ditawarkan sebagai korban penghapus dosa ke pintu khemah pertemuan di hadapan TUHAN; meletakkan tangannya di atasnya; disembelih itu; mengambil sedikit dari darah sapi jantan dan membawa ke dalam khemah pertemuan itu; memasukkan jarinya ke dalam darah dan menyiramkan sebahagian daripadanya tujuh kali di hadapan TUHAN, di hadapan tabir Tempat Perlindungan (Imamat 4: 4-6). Meletakkan tangan di atas kepala sapi jantan itu melambangkan mengandaikan dosa manusia kepada haiwan itu. Semasa orang yang telah melakukan dosa hendaklah tertakluk kepada kematian, dengan meletakkan tangan pada kepala persembahan itu, orang itu menerima pengampunan dosa dengan mengandaikan dosanya kepada haiwan itu dan kemudian membunuh haiwan itu.

Kemudian paderti mengambil sedikit darah, mencelup jarinya

di dalamn dan memercikkannya di Tempat Perlindungan di dalam khemah pertemuan di hadapan tair Tempat Perlindungan. "Tabir tempat perlindungan" adalah langsir tebal yang membahagikan Tempat Perlindungan daripada Maha Kudus. Persembahan secara umumnya diberikan bukan di dalam Tempat Perlindungan tetapi di atas mezbah di pelataran kuil, bagaimanapun, imam memasuki Tempat Perlindungan dengan darah persembahan penghapus dosa, dan menyiramkan di hadapan tabir Tempat Perlindungan, di hadapan yang Maha Kudus di mana Tuhan bersemayam.

Tindakan mencelup jari ke dalam darah bermaksud tindakan rayuan untuk pengampunan. Ia melambangkan seseorang itu tidak hanya bertaubat dengan bibir atau sumpah, tetapi juga menghasilkan taubat dengan membuat kejahatan dan dosa. Mencelup jari ke dalam darah dan memerciknya "tujuh kali" - "tujuh" yang bilangan sempurna di alam roh - menunjukkan bahawa seseorang itu benar-benar memutuskan dosanya. Seseorang itu dapat menerima pengampunan sempurna hanya selepas dia benar-benar membuang dosa-dosanya dan tidak lagi berbuat dosa.

Paderi juga meletakkan sedikit dari darah pada tanduk-tanduk mezbah bagi pembakaran ukupan wangi di hadapan TUHAN dalam khemah pertemuan dan menuangkan semua darah di kaki mezbah persembahan bakaran di depan pintu khemah pertemuan (Imamat 4:7). Mezbah pembakaran ukupan wangi - mezbah pembakaran ukupan - adalah satu mezbah disediakan untuk membakar kemenyan; apabila kemenyan dibakar, Tuhan menerima kemenyan itu. Tambahan pula, tanduk dalam Alkitab mewakili seorang raja dan maruah serta kuasanya; mereka merujuk kepada Raja, Tuhan kita (Wahyu 5:6). Dengan meletakkan darah pada tanduk-tanduk di atas mezbah pembakaran ukupan wangi berfungsi sebagai tanda bahawa tawaran itu telah diterima oleh Tuhan iaitu Raja kita.

Sekarang, bagaimana boleh bertaubat dengan cara yang

diterima oleh Tuhan? Ia telah disebutkan sebelum ini bahawa dosa dan kejahatan telah dibuang dengan mencelup jari ke dalam darah bagi persembahan penghapus dosa dan memercikkannya. Setelah bermuhasabah dan bertaubat dari dosa-dosa, kita mesti datang ke tempat perlindungan itu dan mengaku akan dosa dalam doa. Sama seperti darah korban itu diletakkan di atas tanduk-tanduk agar Tuhan untuk menerimanya, kita mesti datang di hadapan pihak berkuasa iaitu Tuhan, Raja kita dan mempersembahkan doa taubat kepada-Nya. Kita mesti datang ke tempat perlindungan, berlutut dan berdoa dalam nama Yesus Kristus di tengah-tengah kerja Roh Kudus yang membolehkan semangat taubat datang kepada kita.

Ini bukan untuk mengatakan bahawa kita perlu menunggu sehingga kita datang ke tempat perlindungan untuk bertaubat. Di saat kita tahu kita telah berdosa terhadap Tuhan, kita mesti segera bertaubat dan kembali. Di sini, datang ke tempat perlindungan itu berkaitan hari Sabat, hari Tuhan.

Walaupun imam boleh berkomunikasi dengan Tuhan pada zaman Perjanjian Lama, selepas Roh Kudus telah membuat kediaman di hati setiap daripada kita, hari ini kita boleh berdoa dan mempunyai hubungan intim secara langsung dengan Tuhan di tengah-tengah kerja Roh Kudus. Doa taubat juga boleh ditawarkan bersendirian di tengah-tengah karya Roh Kudus. Perlu diingat, bagaimanapun, bahawa segala doa dilakukan telah dibuat dengan menjaga kesucian Hari Tuhan.

Seseorang yang tidak memelihara Hari Tuhan tidak mempunyai bukti bahawa dia adalah seorang kanak-kanak Tuhan secara rohani dan dia tidak boleh menerima pengampunan walaupun dia mengucapkan taubatnya sendiri. Taubat Diterima oleh Tuhan tanpa ragu-ragu bukan sahaja apabila seseorang itu menawarkan doa taubat dengan sendiri apabila menyedari bahawa dia telah berdosa, tetapi juga apabila dia secara rasmi mempersembahkan doa taubat sekali lagi di tempat perlindungan Tuhan pada Hari Tuhan.

Selepas darah telah diletakkan pada tanduk di atas mezbah

pembakaran ukupan wangi, semua darah yang dicurahkan di kaki mezbah persembahan bakaran. Ini adalah satu tindakan yang memberikan darah sepenuhnya kepada Tuhan, yang merupakan persembahan kehidupan dan secara rohaninya ia menunjukkan bahawa kita bertaubat dengan hati yang penuh setia. Dengan menerima pengampunan bagi dosa-dosa yang telah dilakukan terhadap Tuhan memerlukan taubat yang dipersembahkan dengan sepenuh hati, fikiran, usaha yang besar dan ikhlas. Sesiapa yang telah memberikan kepada Tuhan sebenar-benar taubat tidak akan berani melakukan dosa yang sama sekali lagi di hadapan Tuhan.

Seterusnya, paderi mengambil lemak dari sapi dan menawarkan semua lemak serta membakarnya di atas mezbah persembahan bakaran itu, prosedur yang sama seperti persembahan keselamatan, dan membawa ke luar tempat perkhemahan, di mana abu dicurahkan, dan membakar kulit tersebut, semua daging sapi dengan kepalan, kaki, dan isi perut (Imamat 4:8-12). "Menawarkan dalam asap" menandakan bahawa dalam kebenaran, diri sendiri dimusnahkan dan hanya kebenaran yang bertahan.

Sama seperti lemak dari persembahan keamanan yang dikeluarkan, lemak dari persembahan penghapus dosa juga dikeluarkan dan kemudian dibakar di atas mezbah. Dengan mempersembahkan lemak dari sapi di atas mezbah, ia memberitahu kita bahawa hanya taubat yang ditawarkan dengan sepenuh hati dan fikiran akan diterima di hadapan Tuhan.

Semasa semua bahagian persembahan dalam persembahan bakaran dibakar di atas mezbah, dalam dosa yang menawarkan semua bahagian kecuali lemak dan buah pinggang dibakar pada kayu api di luar tempat perkhemahan di mana abu tersebut dicurahkan. Jadi mengapa?

Persembahan bakaran adalah perkhidmatan ibadah rohani bertujuan untuk menyenangkan hati Tuhan dan mencapai persekutuan dengan-Nya, ia dibakar di atas mezbah di kuil. Walau bagaimanapun, persembahan penghapus dosa adalah untuk menebus kita dari dosa yang haram, ia tidak boleh dipersembahkan secara pembakaran di atas mezbah di dalam kuil dan dibakar sepenuhnya di suatu tempat yang jauh dari tempat tinggal orang lain.

Malah pada hari ini, kita mesti berusaha sepenuhnya untuk membuang dosa-dosa yang telah kita taubat di hadapan Tuhan. Kita mesti dibakar oleh api keangkuhan Roh Kusud, kebanggaan, diri lama dari zaman kita di dunia, tindakan badan yang berdosa yang tidak wajar di hadapan Tuhan, dan sebagainya. Pengorbanan dipersembahkan dalam bakaran - sapi - telah dikaitkan dengan dosa-dosa orang yang meletakkan tangannya di atasnya. Oleh itu, selepas saat itu, orang tersebut harus tampil sebagai korban hidup yang disenangi Tuhan.

Untuk itu, apa yang kita perlu lakukan hari ini?

Kepentingan rohani antara ciri-ciri sapi yang akan dipersembahkan dan daripada Yesus, yang meninggal dunia untuk menebus kita dari dosa telah dijelaskan sebelum ini. Oleh itu, jika kita telah bertaubat dan mempersembahkan bakaran semua bahagian persembahan, dan selepas itu, sama seperti persembahan yang diberikan kepada Tuhan, kita mesti berubah dalam cara yang sama Tuhan kita telah menjadi persembahan penghapus dosa. Dengan berkhidmat kepada ahli gereja secara bersungguh bagi pihak Tuhan, kita mesti membenarkan orang-orang beriman untuk membuang beban mereka dan membekalkan mereka hanya dengan kebenaran dan perkara-perkara yang baik. Dengan mengabdikan diri dan membantu ahli-ahli gereja kita untuk memupuk hati-bidang mereka dalam air mata, ketabahan, dan doa, kita mesti mengubah saudara-saudara kita ke dalam kebenaran, anak-anak Tuhan yang disucikan. Tuhan akan menganggap taubat sebagai yang benar dan membawa kita ke jalan yang berkat.

Walaupun kita bukan menteri, seperti yang kita baca dalam 1 Petrus 2:9 "Tetapi kamulah bangsa yang terpilih, imamat yang rajani, bangsa yang kudus, umat milik Tuhan sendiri," kita semua yang beriman kepada Tuhan mesti menjadi sempurna seperti para paderi dan menjadi anak-anak Tuhan yang benar.

Tambahan pula, persembahan yang diberikan kepada Tuhan mesti mengiringi taubat apabila membuat pendamaian bagi dosa-dosa seseorang. Sesiapa yang amat kesal dan bertaubat dari kesalahannya secara semula jadi akan membawa kepada memberikan persembahan, dan apabila amal itu disertai jenis hati seperti ini boleh dianggap sebagai mencari taubat sepenuhnya di hadapan Tuhan.

3. Persembahan Dosa Keseluruhan Jemaah

"Sekarang jika seluruh umat Israel melakukan kesilapan dan perkara itu terlepas dari notis perhimpunan itu, dan mereka melakukan mana-mana perkara-perkara yang dilarang oleh TUHAN, dan mereka menjadi bersalah; apabila dosa yang mereka lakukan telah diketahui, maka perhimpunan itu hendaklah menawarkan kumpulan sapi untuk korban penghapus dosa dan membawanya ke hadapan khemah pertemuan "(Imamat 4:13-14).

Dari segi bahasa hari ini, "dosa seluruh jemaah" merujuk kepada dosa-dosa dari seluruh gereja. Sebagai contoh, ada kalanya puak terbentuk dalam sebuah gereja di kalangan menteri-menteri, orang tua, diakones kanan dan membawa masalah kepada seluruh jemaah. Apabila puak menubuhkan dan memulakan pertikaian, maka gereja secara keseluruhannya berdosa, mewujudkan dinding tinggi dosa di hadapan Tuhan kerana kebanyakan ahli-ahli gereja yang terpengaruh dengan pertikaian, dan bercakap buruk atau mempunyai perasaan benci kepada satu sama lain.

Malah Tuhan telah memberitahu kita untuk mengasihi musuh-

musuh kita, berkhidmat kepada orang lain, merendah diri, hidup berdamai dengan semua orang, dan mengejar kekudusan. Betapa malu dan menyesal Tuhan kepada hamba-hamba dan kawanan domba mereka yang berada dalam perselisihan atau untuk saudara-saudara dalam Kristus untuk menentang satu sama lain? Jika kejadian seperti ini berlaku di dalam sebuah gereja, ia tidak akan menerima perlindungan Tuhan; tidak akan ada kebangkitan dan kesukaran akan datang di rumah-rumah dan perniagaan ahli-ahlinya.

Bagaimana kita boleh memperoleh pengampunan dosa bagi seluruh jemaah? Apabila dosa seluruh jemaah diketahui, sapi dibawa ke hadapan khemah pertemuan. Kemudian orang-orang tua meletakkan tangannya ke atas kepala korban itu, maka bunuhlah ia di hadapan TUHAN, dan persembahkan ia kepada Tuhan dengan cara yang sama sebagai persembahan penghapus dosa paderi. Pengorbanan dalam persembahan penghapus dosa untuk paderi dan segenap jemaah itu adalah sama dari segi nilai dan harga. Ini bermakna bahawa di mata Tuhan, berat dosa yang dilakukan oleh para paderi dan segenap jemaah itu adalah sama.

Namun, sementara korban dalam persembahan penghapus dosa paderi adalah dari sapi jantan yang tidak tercela, pengorbanan dalam persembahan penghapus dosa seluruh jemaah hanya memerlukan sapi jantan. Ini kerana ia tidak mudah untuk segenap jemaah itu bersatu hati dan membuat persembahan dalam kegembiraan dan kesyukuran.

Apabila gereja secara keseluruhannya i telah berdosa dan ingin bertaubat, ia adalah mungkin bahawa di antara ahli-ahlinya adalah orang yang tidak beriman atau orang-orang yang enggan bertaubat dengan keresahan dalam hati mereka. Oleh kerana ia tidak mudah untuk seluruh jemaah untuk memberi kepada-Nya persembahan tanpa kecacatan, Tuhan telah menunjukkan rahmat-Nya dalam hal ini. Walaupun beberapa orang yang tidak dapat memberikan persembahan dengan hati yang suci, apabila kebanyakan ahli-ahli gereja bertaubat dan berpaling daripada cara mereka, Tuhan akan menerima persembahan penghapus dosa dan memaafkan. Tidak semua jemaah mampu untuk meletakkan tangannya di atas kepala korban, orang-orang tua, bagi pihak jemaah, meletakkan tangan mereka apabila seluruh jemaah memberikan persembahan penghapus dosa kepada Tuhan. Prosedur selanjutnya adalah sama dengan yang persembahan penghapus dosa paderi dalam semua langkah-langkah dari paderi mencelup jarinya ke dalam darah korban itu, percikan tujuh kali di hadapan tabir Tempat Perlindungan, meletakkan sedikit darah pada tanduk-tanduk mezbah pembakaran ukupan wangi, dan membakar seluruh bahagian korban di luar kem. Kepentingan rohani bagi prosedur ini adalah benar-benar berpaling dari dosa. Kita juga perlu mempersembahkan doa taubat dalam nama Yesus Kristus dan karya-karya Roh Kudus dalam rumah Tuhan supaya taubat secara rasmi diterima. Selepas segenap jemaah itu telah bertaubat dengan bersatu hati melalui cara ini, dosa tidak boleh berulang.

4. Persembahan Dosa Seorang Pemimpin

Dalam Imamat 4:22-24 kita membaca,

"Apabila pemimpin berdosa dan tidak sengaja melakukan apa-apa salah satu daripada semua perkara-perkara yang TUHAN, Tuhannya telah melarangnya, dan dia menjadi bersalah, jika dosa yang dia telah lakukan yang itu diketahui olehnya, ia harus mempersembahkan untuk persembahannya seekor kambing jantan yang tidak cacat. Dia hendaklah meletakkan tangannya ke atas kepala kambing jantan dan bunuhlah ia di tempat di mana mereka menyembelih persembanhan bakaran di hadapan TUHAN; ia adalah persembahan penghapus dosa."

Walaupun lebih rendah pangkatnya daripada paderi, "pemimpin" berada dalam kedudukan bimbingan dan di dalam kelas yang berbeza daripada orang biasa. Oleh itu, pemimpin memberikan kambing jantan kepada Tuhan. Ia adalah kurang daripada sapi jantan yang ditawarkan oleh para paderi tetapi lebih besar daripada kambing betina yang ditawarkan oleh rakyat biasa sebagai persembahan dosa.

Dari terma hari ini, "pemimpin" dalam gereja adalah pasukan atau pemimpin se; atau guru Sekolah Mingguan. Pemimpin adalah mereka yang berkhidmat dalam jawatan menjadi petunjuk bagi ahli-ahli gereja. Tidak seperti ahli-ahli biasa atau orang baru dalam iman, mereka telah diasingkan di hadapan Tuhan, walaupun dosa yang sama telah dilakukan, pemimpin mesti memberi hasil taubat yang lebih besar kepada Tuhan.

Pada masa lalu, pemimpin meletakkan tangannya di atas kepala kambing jantan yang tidak cacat mengandaikan dosanya kepada kambing dan kemudian dia menyembelih ia di hadapan Tuhan. Pemimpin itu akan mendapat pengampunan ketika paderi mencelup jari dalam darah, meletakkannya pada tanduk-tanduk mezbah persembahan bakaran, dan mencurahkan seluruh darah korban itu di kaki mezbah persembahan bakaran. Seperti halnya dengan persembahan keamanan, pemberian lemak ditawarkan secara bakaran di atas mezbah.

Tidak sama seperti paderi, pemimpin yang tidak menaburkan darah yang menawarkan tujuh kali di hadapan tabir Tempat Perlindungan; apabila dia menunjukkan taubatnya itu adalah dengan meletakkan darah pada tanduk-tanduk mezbah persembahan bakaran dan Tuhan menerimanya. Ini kerana ukuran iman berbeza antara seorang paderi dan pemimpin. Paderi itu tidak pernah berbuat dosa lagi selepas bertaubat, dia perlu menaburkan darah korban itu tujuh kali, bilangan yang sempurna dalam erti rohani.

Seorang pemimpin, secara tidak sedar boleh berbuat dosa lagi dan oleh itu dia tidak diperintahkan menyiramkan darah tujuh kali untuk persembahan ini. Ini adalah tanda kasih sayang dan rahmat Tuhan, yang mahu menerima taubat dari setiap orang mengikut tahap iman dan memberikan pengampunan. Setakat ini dalam membincangkan persembahan penghapus dosa, "paderi" telah disebut sebagai "menteri" dan "pemimpin" sebagai "seorang pekerja di kedudukan kepimpinan." Walau bagaimanapun, rujukan ini tidak terhad hanya kepada tugas-tugas yang diberikan Tuhan dalam gereja, tetapi juga merujuk kepada ukuran iman setiap orang beriman.

Menteri harus disucikan oleh iman dan kemudian diamanahkan membimbing kawanan orang yang beriman. Memang wajar untuk iman seseorang dalam kedudukan petunjuk, sebagai satu pasukan atau pemimpin sel atau guru sekolah Ahad, untuk berada di tahap yang berbeza berbanding dengan seorang penganut biasa walaupun dia belum lagi mencapai kesucian sempurna. Oleh kerana iman berbeza daripada seorang menteri berbanding seorang pemimpin dan penganut biasa, kepentingan dosa dan tahap taubat Tuhan terima adalah berbeza walaupun mereka semua melakukan suatu dosa yang sama.

Ini bukan untuk mengatakan bahawa ia adalah dibenarkan bagi orang beriman untuk berfikir, 'kerana iman saya tidak lagi sempurna, Tuhan akan memberikan saya satu lagi peluang walaupun saya berdosa nanti,' dan kemudian bertaubat dengan hati. Pengampunan dari Tuhan melalui taubat tidak akan diterima apabila seseorang itu dengan sengaja dan rela melakukan dosa, tetapi apabila seseorang itu berdosa secara tidak sedar dan sedar kemudian dia menyedari bahawa dia telah berdosa dan meminta ampun dengan sewajarnya. Tambahan pula, apabila dia telah melakukan dosa dan bertaubat daripadanya, Tuhan akan menerima taubat hanya apabila dia berusaha dengan doa yang bersungguh-sungguh untuk tidak melakukan dosa yang sama sekali lagi.

5. Persembahan Dosa Orang Biasa

"Orang biasa" adalah orang-orang yang kurang percaya, atau ahli biasa gereja. Apabila orang biasa melakukan dosa, mereka berbuat demikian dari negeri yang kurang percaya dan oleh itu berat persembahan penghapus dosa mereka adalah kurang daripada seorang paderi atau pemimpin. Orang yang biasa mempersembahkan penghapusan dosa kepada Tuhan sebagai seekor kambing betina, yang lebih rendah dengan daripada atau kambing jantan, tanpa cacat. Seperti halnya dengan korban penghapus dosa yang dibuat oleh seorang paderi atau pemimpin, paderi harus mencelupkan jarinya ke dalam darah dari persembahan penghapus dosa orang biasa, meletakkan ia pada tanduk-tanduk mezbah korban bakaran, dan tuangkan selebihnya di mezbah.

Walaupun ada kemungkinan bahawa orang biasa boleh berbuat dosa lagi pada masa lain kerana kurang beriman, jika dia kesal dan meratap hatinya dengan bertaubat kerana melakukan dosa, Tuhan akan menunjukkan belas kasihan dan memaafkannya. Tambahan pula, dengan cara yang diperintahkan Tuhan bahawa 'seekor kambing betina' dipersembahkan, kita boleh memberitahu bahawa dosa-dosa yang dilakukan di peringkat ini adalah lebih mudah untuk diampuni dari dosa-dosa yang mana seekor kambing jantan atau seekor domba perlu dipersembahkan. Ini tidak bermakna Tuhan mengizinkan taubat sederhana; seseorang mesti menawarkan kepada Tuhan sebenar-benar taubat, dan berazam agar tidak pernah berbuat dosa lagi.

Apabila seseorang yang lemah iman sedar dan bertaubat daripada dosa-dosanya serta berusaha untuk tidak melakukan dosa yang sama, kekerapan untuk mereka mungkin berbuat dosa akan berkurang dari sepuluh kali sehingga ke lima atau tiga kali, dan dia akhirnya akan dapat membuang tabiat itu sepenuhnya. Tuhan menerima taubat yang disertai dengan buah-buahan. Dia tidak akan menerima taubat walaupun dari seorang yang baru beriman jika taubatnya hanya terdiri daripada kata-kata tanpa hati yang tulus. Tuhan akan bergembira dan memuja orang baru dengan niat yang sebaik bertaubat daripada dosa-dosanya setiap kali dia menyedarinya dan bersungguh-sungguh untuk membuangnya. Daripada meyakinkan diri sendiri, 'Ini adalah di mana iman saya berdiri, jadi ini adalah memadai bagi saya,' bukan sahaja bertaubat tetapi juga dalam doa, ibadah, dan setiap aspek kehidupan yang lain di dalam Kristus, apabila seseorang berusaha untuk melebih keupayaan mereka sendiri, dia akan tertakluk kepada cinta yang lebih melimpah dan rahmat dari Tuhan.

Apabila seseorang itu tidak mampu untuk memberikan seekor kambing betina, oleh itu berikan seekor anak domba, kambing itu juga adalah betina tanpa kecacatan (Imamat 4:32). Golongan miskin memberikan dua tekukur atau dua merpati muda, dan yang lebih miskin memberikan sedikit tepung halus (Imamat 5:7, 11). Tuhan yang menghukum dengan itu menentukan dan menerima persembahan dosa menurut ukuran iman setiap individu.

Setakat ini kita telah membincangkan cara untuk mengadakan taubat dan perdamaian kepada Tuhan dengan memeriksa persembahan penghapus dosa yang diberikan kepada-Nya oleh orang-orang dalam tahap yang berbeza dan tugas yang berbeza. Saya harap setiap pembaca akan berdamai dengan Tuhan dengan sentiasa memeriksa sendiri tugas yang diberikan Tuhan dan keadaan imannya, serta teliti bertaubat daripada sebarang kesalahan dan dosa-dosa setiap kali dinding dosa muncul di atas jalan kepada Tuhan.

Bab 7

Persembahan Kebersalahan

"Kalau seseorang dengan tidak sengaja berbuat dosa kerana lalai dalam menyerahkan persembahan-persembahan yang diwajibkan untuk TUHAN, maka orang itu harus membawa korban ganti rugi. Korban itu harus seekor kambing atau kambing jantan yang tidak ada cacatnya, dan dinilai menurut harga yang berlaku di Khemah TUHAN."

Imamat 5:15

1. Kepentingan Persembahan Kebersalahan

Persembahan kebersalahan diberi kepada Tuhan sebagai ganti rugi akan dosa yang dilakukan. Apabila anak Tuhan berdosa kepada-Nya, mereka mesti menawarkan kepadanya persembahan kebersalahan dan bertaubat di hadapan-Nya. Walau bagaimanapun, orang yang telah berdosa bukan sahaja perlu memalingkan hatinya daripada membuat dosa, tetapi dia juga perlu bertanggungjawab akan kesalahannya dan hal ini bergantung pada jenis dosa yang dilakukan.

Misalnya, orang yang meminjam barang yang dimiliki rakannya tetapi secara tidak sengaja merosakkannya. Orang ini tidak boleh setakat berkata, "Maafkan saya." Dia bukan sahaja perlu meminta maaf tetapi dia juga perlu mengganti semula barang rakannya. Jika orang ini tidak dapat mengganti semula dengan barang yang sama nilai yang dimusnahkannya, dia mesti membayar semula jumlah yang setara kepada rakannya bagi menampung kerugian tersebut. Inilah taubat yang sebenar.

Pemberian persembahan kebersalahan bermaksud mewujudkan keamanan dengan melakukan pengembalian atau bertanggungjawab akan kekhilafan diri. Hal yang sama boleh dikaitkan dengan bertaubat di hadapan Tuhan. Sama seperti tanggungjawab kita yang perlu membayar ganti rugi bagi kerosakan yang dilakukan oleh saudara kita dalam Kristus, kita juga perlu menunjukkan kepada Dia akan amalan taubat sebenar selepas kita berdosa pada-Nya agar taubat kita lengkap.

2. Kepentingan dan Makna Persembahan Kebersalahan

1) Setelah Membuat Pengakuan Palsu

Imamat 5:1 memberitahu kita, "Apabila seseorang berbuat dosa, yakni jika ia mendengar seorang mengutuk, dan ia dapat naik saksi kerana ia melihat atau mengetahuinya, tetapi ia tidak mahu memberi keterangan, maka ia harus menanggung kesalahannya sendiri." Ada masa apabila orang membuat pengakuan palsu walaupun setelah bersumpah untuk bercakap benar kerana kepentingan mereka dipertaruhkan.

Misalnya, bayangkan anak anda melakukan jenayah dan orang yang tidak bersalah dituduh atas jenayah tersebut. Jika anda berdiri di kandang saksi, adakah anda percaya anda akan mampu memberikan keterangan yang benar? Jika anda mendiamkan diri untuk melindungi anak anda dan mencederakan orang lain, orang mungkin tidak tahu akan perkara sebenar tetapi Tuhan melihat segala-galanya. Oleh itu, saksi mesti memberikan keterangan yang sebenar sebagaimana yang dilihat atau didengarnya untuk memastikan bahawa dengan adanya percubaan yang saksama, tiada sesiapa yang akan menderita kerana ketidakadilan.

Hal ini adalah sama juga dengan kehidupan seharian kita. Ramai orang tidak mampu menyampaikan perkara yang mereka lihat dan dengar dengan jujur, dan mereka telah menyampaikan maklumat yang tidak betul. Sesetengah orang yang lain pula memberikan keterangan palsu dengan mengada-adakan cerita bagaikan mereka telah melihat sesuatu yang sebenarnya tidak kelihatan. Disebabkan keterangan palsu sebegitu, orang tidak bersalah dituduh melulu dengan jenayah yang tidak mereka lakukan dan akhirnya menderita akan ketidakadilan. Kita dapat tahu dari Yakobus 4:17, "Jadi jika seorang tahu bagaimana ia harus berbuat baik, tetapi ia tidak melakukannya, ia berdosa." Anak Tuhan yang mengenali kebenaran harus membezakan dengan kebenaran dan memberikan keterangan yang betul agar tiada orang lain yang akan ditimpa kesusahan atau menderita.

Jika kebaikan dan kebenaran memenuhi hati, kita akan sentiasa bercakap benar dalam segala-galanya. Kita tidak akan mengutuk atau menyalahkan sesiapa, memutar belitkan kebenaran atau memberi jawapan yang tidak berkenaan. Jika ada sesiapa yang membuatkan orang lain menderita dengan mengelak daripada memberi kenyataan apabila perlu atau memberikan keterangan palsu, dia mesti mempersembahkan persembahan kebersalahan kepada Tuhan.

2) Selepas Terpalit dengan Najis

Kita baca dalam Imamat 5:2-3 bahawa,

Bila seseorang kena kepada sesuatu yang najis, baik bangkai binatang liar yang najis, atau bangkai haiwan yang najis, atau bangkai binatang yang mengeriap yang najis, tanpa menyedari hal itu, maka ia menjadi najis dan bersalah. Atau apabila ia kena kepada kenajisan berasal dari manusia, dengan kenajisan apapun juga ia menjadi najis, tanpa menyedari hal itu, tetapi kemudian ia mengetahuinya, maka ia bersalah.

Di sini, "mana-mana najis" secara rohaninya merujuk kepada semua kelakuan yang tidak jujur yang menentang kebenaran. Kelakuan sebegitu merangkumi segala perkara yang dilihat, didengar atau dituturkan dan juga perkara yang dirasai dengan tubuh dan hati. Terdapat perkara yang tidak dianggap berdosa sebelum mengetahui kebenaran. Walau bagaimanapun, kita mula menganggap perkara yang sama sebagai tidak senonoh pada pandangan Tuhan selepas mengetahui kebenaran. Misalnya, apabila kita tidak mengenali Tuhan, kita mungkin terjumpa keganasan dan bahan lucah seperti pornografi tetapi tidak sedar pada waktu tersebut bahawa perkara tersebut ialah najis. Walau bagaimanapun, setelah kita memulakan kehidupan dalam Kristus, kita dapat tahu bahawa perkara tersebut adalah berlawanan dengan kebenaran. Apabila kita sedar bahawa kita melakukan perkara najis apabila diukur dengan kebenaran, kita mesti bertaubat dan menawarkan persembahan kebersalahan kepada Tuhan. Walaupun kehidupan kita dalam Kristus, namun terdapat situasi apabila kita terdengar dan melihat perkara yang fasik secara tidak sengaja. Lebih baik jika kita dapat menjaga hati kita walaupun setelah terlihat atau terdengar perkara sebegitu. Walau bagaimanapun, disebabkan terdapatnya kemungkinan orang beriman mungkin tidak mampu mengawal hatinya tetapi menerima perasaan yang ditemani dengan perkara najis, dia perlu bertaubat dengan segera setelah menyedari dosanya dan memberikan Tuhan persembahan kebersalahan.

3) Setelah Bersumpah

Imamat 5:4 menyatakan, "Atau apabila seseorang bersumpah alpa dengan bibirnya hendak berbuat yang buruk atau yang baik, sumpah apapun juga yang diucapkan orang dengan alpa, tanpa menyedari hal itu, tetapi kemudian ia mengetahuinya, maka ia bersalah dalam salah satu perkara itu." Tuhan telah melarang kita daripada bersumpah untuk "berbuat yang buruk atau yang baik."

Mengapa Tuhan melarang kita daripada bersumpah, mengangkat sumpah atau berjanji sumpah? Sudah tentulah Tuhan melarang kita daripada bersumpah untuk "berbuat yang buruk", tetapi Dia juga melarang kita daripada bersumpah untuk "berbuat yang baik" kerana manusia tidak dapat menunaikan 100% perkara yang dijanjikannya (Matius 5:33-37; Yakobus 5:12). Hati manusia mungkin berubah mengikut kepentingan dan emosinya dan tidak menunaikan apa yang telah dijanjikannya sehingga dia disempurnakan dengan kebenaran. Tambahan lagi, terdapat masa apabila musuh syaitan dan Iblis mengacau kehidupan orang beriman dan menghalang mereka daripada memenuhi sumpah mereka agar mereka dapat mewujudkan alasan untuk menuduh orang beriman. Anggap hal ini sebagai contoh ekstrim: Bayangkan seseorang bersumpah, "Saya akan lakukan hal itu dan ini esok," tetapi meninggal dunia hari ini secara tiba-tiba. Bagaimana dia hendak menunaikan sumpahnya?

Disebabkan hal ini, tiada sesiapa patut bersumpah untuk berbuat keburukan dan walaupun dia bersumpah untuk berbuat kebaikan, dia patut berdoa kepada Tuhan dan mencari kekuatan daripada bersumpah. Misalnya, jika orang yang sama bersumpah untuk berdoa tanpa henti, maka daripada bersumpah "Aku akan pergi ke pertemuan doa malam setiap hari," dia sepatutnya berdoa "Tuhan, bantulah aku untuk berdoa tanpa henti dan menjaga aku daripada gangguan musuh syaitan dan Iblis." Jika sesiapa bersumpah dengan tergesa-gesa, dia mesti bertaubat dan mempersembahkan persembahan kebersalahan kepada Tuhan.

Jika terdapat dosa dalam mana-mana tiga keadaan di atas, orang itu "haruslah mempersembahkan kepada TUHAN sebagai tebusan salah kerana dosa itu seekor betina dari kambing biri-biri atau kambing, menjadi korban penghapus dosa. Dengan demikian paderi mengadakan pendamaian bagi orang itu kerana dosanya." (Imamat 5:6).

Dalam hal ini, pemberian persembahan dosa diperintahkan sekali dengan penjelasan persembahan kebersalahan. Hal ini adalah kerana dosa yang melibatkan kewajipan persembahan kebersalahan mesti dipersembahkan, persembahan dosa juga perlu diberikan. Seperti yang dijelaskan sebelum ini, persembahan dosa adalah untuk bertaubat di hadapan Tuhan apabila berdosa dan berpaling sepenuhnya daripada dosa tersebut. Walaupun begitu, apabila dosa yang dilakukan bukan sahaja memerlukan seseorang untuk memalingkan hatinya daripada cara dosa tetapi juga untuk pendosa itu bertanggungjawab, persembahan kebersalahan menyempurnakan taubatnya apabila dia membayar bagi kerugian atau kecederaan atau bertanggungjawab melalui tindakan tertentu. Dalam keadaan sebegitu, seseorang bukan sahaja perlu mengganti rugi tetapi juga memberikan persembahan kebersalahan kepada Tuhan dengan ditemani persembahan dosa kerana dia juga mesti bertaubat di hadapan Tuhan. Walaupun jika orang tersebut berbuat salah dengan orang lain, dia juga mesti bertaubat di hadapan Bapa syurganya kerana dia telah melakukan dosa yang tidak sepatutnya dilakukan sebagai anak Tuhan.

Bayangkan seorang lelaki yang menipu adiknya dan merampas harta yang milik adiknya. Jika abang tersebut ingin bertaubat, dia mesti membersihkan hatinya dengan bertaubat di hadapan Tuhan dan membuang ketamakan dan penipuan. Kemudian, dia mesti dimaafkan adiknya yang dianiayai terlebih dahulu. Dia bukan sahaja setakat meminta maaf dengan bibirnya, tetapi dia mesti membayar ganti rugi setara dengan kerugian yang ditanggung adiknya disebabkan tindakannya. Di sini, "persembahan dosa" manusia adalah tindakan menukar daripada cara dosanya dan bertaubat di hadapan Tuhan manakala "persembahan kebersalahan" dia adalah tindakan taubat dengan mencari kemaafan daripada adiknya dengan membuat pengembalian dan memberi pampasan bagi kerugiannya.

Dalam Imamat 5:6, Tuhan memerintahkan bahawa pemberian persembahan dosa mesti ditemani dengan persembahan kebersalahan, kambing biri-biri betina atau kambing perlu diberikan. Dalam ayat yang berikutnya, kita terbaca bahawa sesiapa yang tidak mampu menawarkan kambing biri-biri mesti mempersembahkan dua ekor burung merbuk atau dua ekor burung merpati sebagai persembahan kebersalahan. Ambil perhatian bahawa dua ekor burung dipersembahkan. Seekor bagi persembahan dosa manakala seekor lagi bagi persembahan bakar. Mengapa Tuhan memerintahkan persembahan bakar diberikan pada masa yang sama persembahan dosa dengan dua ekor burung merbuk atau dua ekor merpati muda? Persembahan bakar melambangkan pemeliharaan suci Sabat. Dalam penyembahan rohani, ia merupakan persembahan perkhidmatan yang diberikan kepada Tuhan pada setiap Ahad. Oleh itu, persembahan dua ekor burung merbuk atau dua ekor burung merpati muda sebagai persembahan dosa dengan persembahan bakar menyatakan taubat seseorang itu sempurna dengan memelihara kesucian Hari Ahadnya. Taubat yang sempurna bukan sahaja menyuruh seseorang bertaubat ketika dia sedar bahawa dia berdosa, tetapi juga pengakuan dosa dan taubatnya dalam rumah Tuhan pada Hari Ahad.

Jika orang tersebut terlalu miskin sehingga dia gagal untuk memberikan burung merbuk atau burung merpati muda, maka dia mesti mempersembahkan kepada Tuhan satu persepuluh efa (lebih kurang 22 liter, atau 5 gelen) tepung halus sebagai persembahan. Persembahan dosa sepatutnya diberikan dengan haiwan kerana ia merupakan korban pengampunan. Tetapi, hawa kurnia Tuhan membenarkan orang miskin yang tidak mampu memberikan persembahan haiwan kepadanya untuk memberikan tepung agar mereka boleh menerima pengampunan disebabkan dosa mereka.

Terdapat perbezaan antara persembahan dosa yang diberi dengan tepung dan persembahan gandum yang diberi dengan tepung. Walaupun minyak dan kemenyan ditambah ke persembahan gandum untuk mewangi dan memewahkannya, tiada minyak atau kemenyan ditambah ke persembahan dosa. Mengapakah ia begini? Membakar persembahan penebusan membawa makna yang sama seperti membakar dosa seseorang.

Apabila dilihat secara rohani yang tiada minyak atau kemenyan ditambah ke tepung, ia memberitahu kita tentang sikap yang perlu dimiliki manusia untuk bertaubat di hadapan Tuhan. 1 Raja-raja 21:27 memberitahu kita bahawa apabila Raja Ahab bertaubat di hadapan Tuhan, dia "mengoyakkan pakaiannya, mengenakan kain kabung pada tubuhnya dan berpuasa. Bahkan ia tidur dengan memakai kain kabung, dan berjalan dengan langkah longlai" Apabila seseorang mengoyakkan hatinya untuk bertaubat, dia sendiri akan menjaga kelakuannya, mengawal dirinya dan merendahkan dirinya. Dia akan berjaga-jaga dalam pertuturannya dan cara dia membawa dirinya serta menunjukkan kepada Tuhan bahawa dia berusaha untuk menjalani hidup dengan kekangan.

4) Selepas Berdosa dengan Perkara Suci atau Menyebabkan Kerugian kepada Saudara Kristus

Dalam Imamat 5:15-16 kita membaca,

Kalau seseorang dengan tidak sengaja berbuat dosa kerana lalai dalam menyerahkan persembahan-persembahan yang diwajibkan untuk TUHAN, maka orang itu harus membawa korban ganti rugi. Korban itu harus seekor kambing atau kambing jantan yang tidak ada cacatnya, dan dinilai menurut harga yang berlaku di Khemah TUHAN. Hal kudus yang menyebabkan orang itu berdosa, haruslah dibayar gantinya dengan menambah seperlima, lalu menyerahkannya kepada paderi. Paderi harus mengadakan pendamaian bagi orang itu dengan kambing biri-biri jantan korban penebus salah itu, sehingga ia menerima pengampunan.

"Benda suci TUHAN" merujuk kepada rumah Tuhan atau semua barang dalam rumah Tuhan. Tiada sesiapa pun termasuk paderi atau individu yang telah memberikan persembahan boleh mengambil, menggunakan atau menjual sebarang item sesuka hati yang telah diasingkan bagi Tuhan dan oleh itu, dianggap suci. Selain itu, perkara yang perlu kita pelihara kesuciannya bukan sahaja terhad pada "barang suci" tetapi bagi keseluruhan rumah. Rumah Tuhan adalah tempat yang diasingkan Tuhan dan tempat Dia meletakkan nama-Nya.

Tiada kata-kata keduniaan atau palsu yang dituturkan dalam rumah Tuhan. Orang beriman yang juga ibu bapa perlu mengajar anak-anak mereka agar mereka tidak berlari dan bermain; membuat bunyi bising yang mengganggu; membuang sampah atau mengotorkan tempat atau merosakkan sebarang benda suci dalam rumah Tuhan.

Jika barang suci Tuhan dimusnahkan secara tidak sengaja, orang yang memusnahkan barang tersebut mesti menggantikannya dengan item yang lebih baik, lebih sempurna dan tanpa cacat cela. Selain itu, pengembalian perlu dilakukan bukan mengikut jumlah atau nilai barang yang rosak, tetapi "satu perlima daripadanya" perlu ditambah sebagai persembahan kebersalahan. Tuhan telah memerintahkan sebegitu untuk mengingatkan kita untuk patuh dan bertindak dengan terkawal. Apabila kita bersentuh dengan barang suci, kita mesti berjaga-jaga dan mengawal diri agar kita tidak menyalahgunakan atau merosakkan barang milik Tuhan. Jika kita merosakkan apa-apa disebabkan kecuaian, kita mesti bertaubat dengan seikhlas hati dan membuat pengembalian dengan jumlah atau nilai yang lebih besar berbanding barang yang rosak tersebut.

Imamat 6:2-5 memberitahu kita beberapa cara bagi individu untuk menerima pengampunan daripada dosa "menipu orang, mencuri barangnya, tak mahu mengembalikan barang yang dititipkan kepadanya oleh sesamanya," atau "sudah menemukan barang yang hilang, tetapi memungkirinya dengan sumpah." Ini merupakan cara untuk bertaubat daripada perbuatan salah yang dilakukan sebelum individu mula beriman pada Tuhan dan untuk bertaubat serta menerima pengampunan apabila dia sedar bahawa dia secara tidak sengaja mengambil harta orang lain. Untuk membuat perdamaian bagi dosa sebegitu, pemilik asal mesti mengembalikan bukan setakat item sebenar tetapi juga "seperlima bahagian" tambahan bagi nilai item. Di sini, "seperlima bahagian" tidak semestinya bermaksud bahagian tersebut ditentukan secara berangka. Ia juga bermakna apabila seseorang memperlihatkan tindakan taubat, ia mesti datang daripada lubuk hatinya. Kemudian Tuhan akan mengampuni dosa-dosanya. Misalnya, terdapat juga masa apabila bukan semua salah laku yang lalu boleh dikira secara individu dan dibayar dengan tepat. Bagi hal ini, individu yang perlu menunjukkan tindakan taubat dengan konsisten sebaik menyedarinya. Dengan wang yang diperoleh melalui kerja atau perniagaannya, dia boleh memberikan bantuan kepada kerajaan Tuhan atau meringankan beban kewangan orang yang memerlukan secara konsisten. Apabila dia mengumpul tindakan taubat sebegitu, Tuhan akan sedar akan keikhlasannya dan mengampuni dosanya.

Sila ambil perhatian bahawa taubat adalah bahan yang paling penting dalam persembahan kebersalahan atau persembahan dosa. Tuhan tidak mengingini anak lembu yang gemuk, tetapi semangat yang sesal (Mazmur 51:17). Oleh itu, kita mesti bertaubat daripada dosa dan kejahatan daripada lubuk hati dan menanggung hasil daripadanya dalam menyembah Tuhan. Saya berharap apabila anda mempersembahkan penyembahan dan persembahan kepada Tuhan dalam cara yang diperkenan oleh Tuhan dan kehidupan anda sebagai korban hidup yang boleh diterima-Nya, anda akan sentiasa berjalan dalam kasih sayang dan rahmat-Nya yang melimpah ruah.

Bab 8

Berikan Jasad Anda dalam Pengorbanan Hidup dan Suci

"Kerana itu, saudara-saudara, demi kemurahan Tuhan aku menasihatkan kamu, supaya kamu mempersembahkan tubuhmu sebagai persembahan yang hidup, yang kudus dan yang berkenan kepada Tuhan: itu adalah ibadahmu yang sejati."

Roma 12:1

1. Seribu Persembahan Bakar dan Rahmat Salomo

Salomo menaiki takhta atas pada usia 20 tahun. Daripada zaman muda lagi dia telah diajar dengan iman oleh Nabi Natan, menyayangi Tuhan dan dia memelihara statut bapanya, Raja Daud. Selepas naik takhta, Solomo menawarkan seribu persembahan bakar kepada Tuhan.

Seribu persembahan bakar bukanlah kerja yang mudah. Terdapat banyak kekangan dari segi tempat, masa, kandungan persembahan dan kaedah yang diletakkan pada persembahan di zaman Perjanjian Lama. Selain itu, Raja Solomo memerlukan ruang yang lebih besar kerana ramai orang yang menemaninya dan bilangan persembahan yang sangat banyak untuk dilakukan. Dalam 2 Tawarikh 1:2-3 ada menyatakan, "Salomo memberi perintah kepada seluruh Israel, kepada kepala-kepala pasukan seribu dan pasukan seratus, kepada para hakim dan kepada semua pemimpin di seluruh Israel, yakni para kepala puak. Lalu pergilah Salomo bersama-sama dengan segenap jemaah itu ke bukit pengorbanan yang di Gibeon, sebab di situlah Khemah Pertemuan Tuhan yang dibuat Musa, hamba TUHAN itu, di padang gurun." Solomo pergi ke Gibeon kerana khemah pertemuan Tuhan yang dibina Musa di padang gurun berada di situ.

Dengan semua perhimpunan, Solomo pergi di hadapan "TUHAN ke mezbah tembaga yang berada di khemah pertemuan" dan menawarkan-Nya seribu persembahan bakar. Telah diterangkan sebelum ini bahawa persembahan bakar adalah persembahan kepada Tuhan hasil aroma daripada pembakaran haiwan yang diberikan dan kerana nyawa yang dipersembakan kepada Tuhan melambangkan pengorbanan dan pengabdian yang sempurna.

Pada malam itu, Tuhan muncul dalam mimpi Solomo dan meminta kepadanya, "Minta apa-apa yang perlu Aku berikan kepadamu" (2 Tawarikh 1:7). Solomo menjawab,

Engkaulah yang telah menunjukkan kasih setia-Mu yang besar kepada Daud, ayahku, dan telah mengangkat aku menjadi raja menggantikan dia. Sekarang, ya TUHAN, semoga Engkau menepati janji-Mu kepada ayahku. Engkau telah mengangkat aku menjadi raja atas bangsa besar ini yang tak terhitung jumlahnya. Kerana itu berikanlah kiranya kepadaku kebijaksanaan dan pengetahuan yang aku perlukan untuk memimpin mereka. Kalau tidak demikian, bagaimana mungkin aku dapat memerintah umat-Mu yang besar ini? (2 Tawarikh 1:8-10).

Solomo tidak meminta kekayaan, kemewahan, kemuliaan, nyawa musuhnya atau nyawa yang panjang. Dia hanya meminta hikmah dan pengetahuan yang akan digunakan untuk memerintah rakyatnya dengan baik. Tuhan berkenan dengan respon Solomo dan memberi dia bukan setakat hikmah dan pengetahuan yang diminta, tetapi juga kekayaan, kemewahan dan kemuliaan yang tidak diminta oleh raja tersebut.

Tuhan berfirman kepada Solomo, "Sebab itu kebijaksanaan dan pengetahuan akan Aku berikan kepadamu. Selain itu Aku akan menjadikan engkau lebih makmur, lebih kaya dan lebih masyhur daripada raja yang mana pun juga baik pada masa lalu mahupun pada masa yang akan datang" (a. 12).

Apabila kita memberikan perkhidmatan rohani penyembahan kepada Tuhan dalam cara yang menyenangkan-Nya, Dia akan merahmati kita dalam segala cara agar kita boleh makmur dan sihat sama seperti roh kita makmur.

2. Dari Zaman Khemah Suci ke Zaman Rumah Suci

Selepas menyatukan kerajaannya dan kestabilan mula bertapak, terdapat satu perkara yang menggusarkan hati Raja Daud, bapa kepada Solomo: Rumah Tuhan belum lagi dibina. Daud kecewa kerana tabut Tuhan diletakkan di sebalik langsir khemah sementara dia tinggal dalam istana yang diperbuat daripada pohon sedar dan berazam untuk membina rumah Tuhan. Walaupun begitu, Tuhan tidak membenarkan hal ini kerana Daud telah menumpahkan darah dalam pertempuran dan oleh itu tidak sesuai untuk membina rumah Tuhan yang suci.

Tetapi TUHAN berkata bahawa aku terlalu sering bertempur dan telah membunuh banyak orang. Kerana itu Ia tidak mengizinkan aku mendirikan rumah untuk Dia (1 Tawarikh 22:8).

Tetapi Tuhan berkata kepadaku, "Engkau tidak akan mendirikan rumah bagi namaKu, sebab engkau ini seorang perajurit dan telah menumpahkan darah" (1 Tawarikh 28:3).

Walaupun Raja Daud tidak mampu memenuhi impiannya dalam membina Rumah Tuhan, namun, dia mematuhi firman Tuhan dengan kesyukuran. Dia juga menyediakan emas, perak, gangsa, permata dan pokok sedar, semua bahan yang diperlukan agar raja seterusnya, anaknya Solomo boleh membina Rumah Tuhan.

Pada tahun keempat atas takhtanya, Solomo bersumpah untuk memelihara ketentuan Tuhan dan membina Rumah Tuhan. Dia memulakan pembinaan projek di Gunung Moria di Yerusalem dan melengkapkannya dalam tujuh tahun. Empat ratus lapan puluh tahun selepas kaum Israel meninggalkan Mesir, Rumah Tuhan berjaya dibina. Solomo memiliki Tabut Hukum (Tabut Perjanjian) dan semua barang suci yang dibawa masuk ke Rumah Tuhan.

Apabila paderi membawa Tabut Hukum ke dalam Tempat Kudus "Awan itu berkilauan oleh keagungan kehadiran TUHAN sehingga para imam itu tak dapat masuk kembali untuk melaksanakan tugas mereka" (1 Raja-raja 8:11). Maka berakhirlah Zaman Khemah Suci dan bermula Zaman Rumah Suci.

Dalam doa Solomo yang mempersembahkan Rumah Tuhan kepada-Nya, Solomo merayu kepada-Nya agar Dia mengampuni rakyatnya apabila mereka berpaling ke Rumah Tuhan dalam doa yang ikhlas walaupun setelah penderitaan menimpa mereka mengikut dosa mereka.

Semoga dari tempat kediaman-Mu di syurga Engkau mendengar dan mengampuni aku serta umat-Mu apabila kami menghadap ke rumah ini dan berdoa kepada-Mu (1 Raja-raja 8:30).

Disebabkan Raja Solomo sedar akan pembinaan Rumah Tuhan telah menyenangi Tuhan dan merupakan rahmat, maka dia dengan beraninya merayu kepada Tuhan bagi rakyatnya. Sebaik mendengar doa raja tersebut, Tuhan menjawab,

Doamu sudah Aku dengar, dan dengan ini rumah yang telah kau dirikan ini Aku nyatakan menjadi tempat khusus untuk beribadat kepada-Ku selama-lamanya. Aku akan selalu memperhatikan dan menjaga tempat ini. (1 Raja-raja 9:3).

Oleh itu, apabila seseorang menyembah Tuhan dengan sepenuh hatinya, minda dan paling ikhlas dalam rumah Tuhan yang suci tempat Tuhan tinggal, Tuhan akan bertemu dengannya dan menjawab keinginan hatinya.

3. Penyembahan Jasmani & Penyembahan Rohani

Daripada kitab Injil, kita tahu bahawa terdapat jenis penyembahan yang tidak diterima oleh Tuhan. Terdapat perkhidmatan rohani penyembahan yang Tuhan terima dan perkhidmatan penyembahan daging yang Dia tolak, bergantung pada hati yang mana penyembahan dipersembahkan.

Adam dan Hawa dihalau daripada Taman Eden disebabkan keingkaran mereka. Dalam Kejadian 4, kita baca tentang kedua-dua anak lelaki mereka. Anak mereka yang lebih sulung adalah Kain manakala Habel anaknya yang lebih muda. Apabila mereka dewasa, Kain dan Habel memberikan persembahan kepada Tuhan. Kain berkebun dan memberi "hasil sawah" (Ayat 3) sementara Habel mempersembahkan "anak kambing biri-biri yang sulung, menyembelihnya, lalu mempersembahkan bahagian yang paling baik" (Ayat 4). Oleh itu, Tuhan "TUHAN senang kepada Habel dan persembahannya tetapi menolak Kain dan persembahannya" (Ayat 4-5).

Mengapa Tuhan menolak persembahan Kain? Dalam Ibrani 9:22, kita tahu bahawa persembahan yang diberi kepada Tuhan mestilah merupakan persembahan darah yang boleh mengampunkan dosa mengikut undang-undang dunia rohani. Disebabkan alasan tersebut, haiwan seperti lembu jantan atau kambing biri-biri diberi kepada persembahan di zaman Perjanjian Lama sementara Yesus, Kambing Tuhan menjadi korban penebusan dengan menumpahkan darah-Nya di zaman Perjanjian Baharu.

Ibrani 11:4 memberitahu kita bahawa, "Kerana beriman, maka Habel mempersembahkan kepada Tuhan korban yang lebih baik daripada korban Kain. Kerana imannya itu, Habel diterima oleh

Tuhan sebagai orang yang baik, sebab nyatalah bahwa Tuhan menerima persembahannya. Habel sudah meninggal, tetapi kerana imannya itu, maka ia masih berbicara sampai sekarang." Dalam erti kata lain, Tuhan menerima persembahan Abel kerana dia telah memberi persembahan darah kepada Tuhan menurut kehendak-Nya tetapi menolak persembahan Kain yang tidak diberi mengikut ketentuan-Nya.

Dalam Imamat 10:1-2, kita baca tentang Nadab dan Abihu yang menyalakan "mempersembahkan ke hadapan TUHAN api yang asing yang tidak diperintahkan-Nya kepada mereka," dan kemudiannya dibakar oleh api yang "keluar dari hadapan TUHAN." Kita juga terbaca dalam 1 Samuel 13 tentang cara Tuhan meninggalkan Raja Saul setelah raya tersebut berdosa dengan melakukan tugas Nabi Samuel. Sebelum pertempuran dekat dengan orang Filistin, Raja Saul memberikan persembahan kepada Tuhan apabila Nabi Samuel tidak datang dalam bilangan hari yang diperuntukkan. Apabila Samuel tiba, Saul memberi alasan dengan memberitahu nabi bahawa dia berat untuk melakukan perbuatan yang dilakukan selepas persembahan yang diberikan oleh Saul disebabkan orang lari daripadanya. Samuel menegur Saul, "Kau telah bertindak melulu," dan dia memberitahu raja bahawa Tuhan telah meninggalkannya.

Dalam Maleakhi 1:6-10, Tuhan menegur kaum Israel kerana tidak memberi Tuhan persembahan terbaik yang boleh diberikan tetapi memberikan barang yang tidak berguna kepada mereka. Tuhan juga berfirman bahawa dia tidak akan menerima jenis penyembahan yang mengikut aturcara keagamaan tetapi kekurangan hati manusia yang ikhlas. Bagi istilah kini, hal ini bermakna Tuhan tidak akan menerima perkhidmatan penyembahan daging.

Yohanes 4:23-24 memberitahu kita bahawa Tuhan menerima perkhidmatan penyembahan rohani dengan hati terbuka dan merahmati orang yang melakukan keadilan, belas kasihan dan kesetiaan. Dalam Matius 15:7-9 dan dalam 23:13-18, kita diberitahu bahawa Yesus menegur para Farisi dan katib zaman-Nya yang mengikut tradisi manusia dengan tekun tetapi hati mereka tidak menyembah Tuhan dalam kebenaran. Tuhan tidak menerima penyembahan yang diberikan manusia sewenang-wenangnya. Penyembahan mesti diberikan mengikut prinsip yang ditetapkan oleh Tuhan. Beginilah cara Kristian sangat berbeza dengan agama lain yang penganutnya mencipta penyembahan untuk memuaskan keperluan mereka dan memberikan persembahan dengan cara yang menyenangi hati mereka. Bagi situasi lain pula, perkhidmatan penyembahan daging merupakan perkhidmatan penyembahan yang tidak bermakna yang melibatkan individu masuk ke rumah Tuhan dan turut serta dalam perkhidmatan penyembahan. Ada juga perkhidmatan penyembahan rohani yang merupakan tindakan pemujaan daripada lubuk hati dan turut serta dalam perkhidmatan penyembahan dari segi semangat dan kebenaran oleh anak Tuhan yang menyayangi Bapa syurga mereka. Oleh itu, walaupun jika dua orang ditawarkan penyembahan pada masa dan tempat yang sama, Tuhan boleh menerima penyembahan seseorang manakala menolak penyembahan seorang lagi bergantung pada hati setiap individu. Sungguhpun jika orang datang ke rumah Tuhan dan menyembah-Nya, tidak berguna jika Tuhan berfirman, "Aku tidak menerima penyembahan kau."

4. Berikan Jasad Anda dalam Pengorbanan Hidup dan Suci

Jika tujuan kewujudan kita adalah untuk mengagungkan Tuhan, maka penyembahan mestilah menjadi fokus kehidupan kita dan kita mesti hidup dalam setiap detik dengan sikap menyembah-Nya. Korban hidup dan suci yang diterima Tuhan, penyembahan dari segi semangat dan kebenaran yang tidak dipenuhi dengan menghadiri perkhidmatan hari Ahad sekali seminggu sementara hidup sewenang-wenangnya mengikut keinginan dan kemahuan peribadi daripada hari Isnin sehingga Sabtu. Kita dipanggil untuk menyembah Tuhan setiap masa dan di mana-mana jua.

Perjalanan ke gereja untuk menyembah merupakan sambungan kehidupan penyembahan. Disebabkan mana-mana penyembahan itu berasingan daripada kehidupan seseorang bukanlah penyembahan yang sebenar, kehidupan orang beriman secara keseluruhannya mengabdikan kehidupannya sebagai perkhidmatan penyembahan rohani kepada Tuhan. Kita bukan sahaja menawarkan perkhidmatan penyembahan yang indah dalam rumah Tuhan mengikut prosedur dan makna yang sesuai tetapi kita juga mesti menjalani kehidupan yang suci dengan mematuhi semua undang-undang Tuhan dalam kehidupan harian kita.

Roma 12:1 memberitahu kita bahawa, "Kerana itu, saudara-saudara, demi kemurahan Tuhan aku menasihatkan kamu, supaya kamu mempersembahkan tubuhmu sebagai persembahan yang hidup, yang kudus dan yang berkenan kepada Tuhan: itu adalah ibadahmu yang sejati." Sama seperti Yesus yang menyelamatkan manusia dengan memberikan tubuh-Nya sebagai korban, Tuhan ingin kita memberikan tubuh kita sebagai korban hidup dan suci.

Selain daripada pembinaan rumah Tuhan yang boleh dilihat, disebabkan Roh Kudus yang bersatu dengan Tuhan, tinggal di hati kita, setiap seorang daripada kita juga menjadi rumah Tuhan (1 Korintus 6:19-20). Kita mesti diperbaharui setiap hari dalam kebenaran dan menjaga diri sendiri untuk menjadi suci. Apabila Firman, doa dan pujian melingkari hati kita dan apabila kita melakukan segala-galanya dalam kehidupan kita dengan hati yang menyembah Tuhan, kita memberi tubuh kita sebagai korban hidup dan suci yang diperkenan oleh Tuhan.

Sebelum saya berjumpa dengan Tuhan saya dilanda penyakit. Saya menghabiskan berhari-hari dengan berputus asa tanpa harapan. Setelah terlantar atas katil selama tujuh tahun, saya mengumpul hutang yang banyak daripada hospital dan kos perubatan. Saya papa kedana. Walaupun begitu, segala-galanya berubah setelah bertemu dengan Tuhan. Dia menyembuhkan saya daripada semua penyakit sekaligus dan saya memulakan kehidupan yang baharu.

Kerana saya terharu dengan hawa kurnia Tuhan, saya mula menyayangi Tuhan melebihi segala-galanya. Pada Hari Ahad, saya bangun subuh, saya mandi dan memakai pakaian dalam yang baharu dibasuh. Walaupun saya memakai sepasang stoking buat sementara waktu pada hari Sabtu, saya tidak akan memakai stoking yang sama ke gereja pada hari berikutnya. Saya juga memakai pakaian yang paling bersih dan kemas.

Bukanlah saya ingin mengatakan orang beriman perlu bergaya dari segi penampilan luaran apabila mereka pergi menyembah. Jika orang beriman benar-benar beriman dan menyayangi Tuhan, maka lazimnya dia akan membuat persediaan paling istimewa dalam menghadap Tuhan untuk mengagungkan-Nya. Walaupun keadaan seseorang tidak membenarkan pakaian yang tertentu, semua orang boleh menyediakan pakaian dan penampilan dengan kemampuan mereka yang terbaik.

Saya sentiasa memastikan untuk membuat persembahan dengan wang baharu; apabila saya terjumpa wang baharu, saya mengetepikannya untuk dibuat persembahan. Walaupun bagi tujuan kecemasan, saya tidak menyentuh wang yang diasingkan untuk penyembahan. Kita tahu walaupun pada zaman Perjanjian Lama, setiap orang beriman menyediakan pesembahan sebelum menghadap paderi walaupun terdapat beberapa tahap berbeza bergantung pada keadaan setiap orang. Tuhan dengan jelas lagi memerintahkan kita tentang hal ini dalam Kejadian 34:20, "Tak seorang pun boleh datang kepada-Ku jika tidak membawa persembahan."

Seperti yang saya pelajari daripada penggerak kebangkitan semula agama, saya sentiasa memastikan untuk memberikan persembahan besar atau kecil bagi setiap perkhidmatan penyembahan. Walaupun pembayaran semula bunga hutang hampir-hampir tidak terbayar dengan pendapatan yang diperoleh saya dan isteri, kami tidak sekali-kali pun memberi persembahan dengan tidak ikhlas atau menyesalinya. Bagaimana boleh kami menyesal apabila persembahan yang kami gunakan untuk menyelamatkan roh dan untuk kerajaan Tuhan dan pencapaian kesalihan-Nya?

Selepas melihat pengabdian kami, Tuhan merahmati kami pada masa yang dipilih-Nya untuk membayar semula hutang yang besar tersebut. Saya mula berdoa kepada Tuhan agar Dia menjadikan saya pegawai gereja yang baik yang boleh menyediakan bantuan kewangan kepada orang miskin dan menjaga orang yatim, janda dan orang sakit. Walaupun begitu, Tuhan menyeru saya untuk menjadi paderi secara tidak disangka dan memandu saya untuk mengetuai gereja besar yang menyelamatkan nyawa tidak terbilang. Walaupun saya tidak menjadi pegawai gereja, saya dapat memberikan bantuan kepada sebilangan orang dan diberi kuasa Tuhan apabila saya boleh menyembuhkan orang sakit, suatu nikmat yang lebih daripada apa yang saya doakan.

5. "Sehingga Kristus Terbentuk Dalam Dirimu"

Sama seperti ibu bapa yang bersusah payah dengan rela dan bersungguh-sungguh dalam mendidik anak mereka selepas melahirkan mereka, banyak susah payah dan ketabahan perlu untuk menjaga dan membimbing setiap roh menuju kebenaran. Hawari Paulus mengaku tentang hal ini dalam Galatia 4:19, "Hai anak-anakku, kerana kamu aku menderita sakit bersalin lagi, sampai rupa Kristus menjadi nyata di dalam kamu." Disebabkan saya mengenali hati Tuhan yang menganggap satu roh lebih berharga daripada segala-galanya dalam alam semesta dan keinginan untuk melihat semua orang menerima penyelamatan, saya juga berusaha untuk membimbing roh terakhir itu ke jalan penyelamatan dan ke Yerusalem Baharu. Saya berusaha untuk membawa tahap keimanan ahli gereja pada "tingkat pertumbuhan yang sesuai dengan kepenuhan Kristus," (Efesus 4:13) dan dengan itu saya telah berdoa dan menyediakan mesej pada setiap peluang dan tika yang ada. Walaupun ada ketikanya saya lebih suka untuk duduk bersama-sama dengan ahli gereja untuk perbualan yang menggembirakan sebagaimana penggembala kambing yang bertanggungjawab mengetuai gembalanya menuju jalan yang betul, saya telah mengawal diri dalam segala perkara dan menjalankan tugas yang Tuhan berikan kepada saya.

Saya terdapat dua keinginan bagi setiap orang beriman. Mula-mula, saya sangat menginginkan ramai orang beriman untuk bukan setakat menerima penyelamatan, tetapi tinggal di Yerusalem Baharu, tempat yang paling gemilang di Syurga. Kedua, saya sangat mengingini semua orang beriman untuk keluar daripada kemiskinan dan menjalani kehidupan kemakmuran. Sementara gereja menjalani kebangkitan semula dan bangkit dengan lebih ramai orang, maka bantuan kewangan yang diberikan dan penyembuhan juga meningkat. Dari segi istilah keduniaan, tugas ini bukanlah mudah untuk mengambil berat akan keperluan dan bertindak sewajarnya mengikut keperluan setiap ahli gereja.

Saya rasa sangat terbeban sekali apabila orang beriman melakukan dosa. Hal ini kerana saya tahu perkara tersebut apabila orang beriman berdosa, dia lebih menjauhkan diri daripada Yerusalem Baharu. Dalam sesetengah kes ekstrim, dia juga mungkin tidak dapat menerima penyelamatan. Orang beriman boleh menerima jawapan dan penyembuhan rohani atau fizikal hanya selepas dia meruntuhkan dinding dosa antara dia dan Tuhan. Semasa merayu pada Tuhan bagi pihak orang beriman yang berdosa, saya tidak dapat tidur, melawan kekejangan, menumpahkan air mata dan hilang tenaga dengan banyak dan sentiasa berpuasa dan berdoa berjam-jam dan berhari-hari.

Setelah menerima persembahan ini beberapa kali, Tuhan menunjukkan belas kasihan-Nya kepada manusia dengan mengurniakan semangat taubat kepada mereka agar mereka boleh bertaubat dan menerima penyelamatan walaupun ada sesetengah yang tidak layak untuk penyelamatan. Tuhan juga telah membuka pintu penyelamatan dengan luas agar ramai orang di seluruh dunia boleh datang dan mendengar kesucian perkhabaran Injil dan memeluk penzahiran kuasa-Nya.

Apabila saya melihat ramai orang beriman membesar dengan indahnya, hal ini paling menggembirakan kepada saya sebagai paderi. Dengan cara yang sama Tuhan yang kudus menawarkan diri-Nya sebagai aroma wangi kepada Tuhan (Efesus 5:2), saya juga berarak ke hadapan untuk menawarkan setiap aspek kehidupan saya sebagai korban hidup dan suci kepada Tuhan bagi kerajaan dan roh-Nya.

Apabila anak-anak meraikan ibu bapa mereka pada Hari Ibu atau Hari Bapa ("Hari Ibu Bapa" di Korea) dan menunjukkan tanda terima kasih, ibu bapa pasti sangat gembira. Walaupun tanda terima kasih tersebut mungkin tidak disukai oleh ibu bapa, mereka juga akan berasa gembira kerana tanda tersebut datang daripada anak-anak mereka. Dengan cara yang sama, apabila anak-Nya memberikan penyembahan kepada-Nya yang telah disediakan dengan semangat yang berkobar-kobar dalam kasih sayang bagi Bapa syurga mereka, Dia berasa gembira dan merahmati mereka.

Tentulah, tiada orang beriman perlu hidup sewenang-wenangnya sepanjang minggu dan menunjukkan pengabdian hanya pada hari Ahad! Sama seperti yang diberitahu Yesus dalam Lukas 10:27, setiap orang beriman mesti menyayangi Tuhan dengan sepenuh hati, roh, kekuatan dan mindanya dan menawarkan dirinya sebagai korban hidup dan suci setiap hari kehidupannya. Dengan menyembah Tuhan dari segi rohani dan kebenaran serta persembahan kepada-Nya aroma wangi hati anda, saya berharap agar setiap pembaca menikmati semua rahmat yang Tuhan sediakan kepada mereka.

Penulis
Dr. Jaerock Lee

Dr. Jaerock Lee dilahirkan di Muan, Wilayah Jeonnam, Republik Korea, pada tahun 1943. Dalam usia 20-an, Dr. Lee menderitai pelbagai penyakit yang tidak dapat disembuhkan selama tujuh tahun dan menunggu kematian tanpa harapan untuk sembuh. Suatu hari dalam musim bunga tahun 1974, beliau dibawa ke sebuah gereja oleh kakaknya dan apabila beliau melutut untuk berdoa, Tuhan yang Maha Hidup menyembuhkan semua penyakitnya dengan serta-merta.

Sejak Dr. Lee bertemu Tuhan yang Maha Hidup melalui pengalaman menakjubkan ini, beliau mencintai Tuhan dengan sepenuh hati dan keikhlasan, dan pada tahun 1978, beliau telah terpanggil untuk menjadi hamba Tuhan. Beliau berdoa dengan khusyuk dan berpuasa supaya dapat memahami dengan jelas kehendak Tuhan, dan mencapai tahap ini serta mematuhi semua Firman Tuhan. Pada tahun 1982, beliau mengasaskan Gereja Besar Manmin di Seoul, Korea, dan menjalankan banyak kerja Tuhan, termasuklah penyembuhan dan mukjizat, semuanya berlaku di gereja ini.

Pada 1986, Dr. Lee telah ditahbiskan sebagai paderi pada Perhimpunan Tahunan Yesus Gereja Sungkyul di Korea, dan empat tahun selepas itu, pada tahun 1990, khutbahnya mula disiarkan di Australia, Rusia dan Filipina. Dalam masa yang singkat lebih banyak negara dapat dicapai melalui Far East Broadcasting Company, Asia Broadcast Station, dan Washington Christian Radio System.

Tiga tahun selepas itu, pada tahun 1993, Gereja Besar Manmin telah dipilih sebagai "50 Gereja Teratas Dunia" oleh majalah Christian World (A.S.) dan beliau menerima Ijazah Kedoktoran Kehormat Kesucian dari Kolej Keimanan Kristian, Florida, A.S., dan PhD pada tahun 1996 dalam bidang Penyebaran Agama, oleh Seminari Teologi Kingsway, Iowa, AS.

Sejak 1993, Dr. Lee telah menerajui misi dunia melalui banyak perjuangan ke luar negara seperti ke Tanzania, Argentina, L.A., Baltimore, Hawaii, dan New York di AS, Uganda, Jepun, Pakistan, Kenya, Filipina, Honduras, India, Rusia, Jerman, Peru, Republik Demokratik Congo, dan Israel dan Estonia.

Pada tahun 2002, beliau diakui sebagai "tokoh kebangkitan sedunia" atas dakwahnya yang berkesan dalam banyak misi mubaligh antarabangsa, oleh akhbar

Kristian utama di Korea. Yang diberi tumpuan ialah 'Perhimpunan New York 2006' yang diadakan di Madison Square Garden, arena paling terkenal di dunia. Acara ini disiarkan ke 220 negara, dan dalam 'Perhimpunan Bersatu Israel 2009', yang diadakan di Pusat Konvensyen Antarabangsa (ICC) di Jerusalem, beliau dengan berani mengakui bahawa Yesus Kristus ialah Al-Masih dan Penyelamat.

Khutbahnya disiarkan ke 176 negara melalui satelit termasuklah GCN TV dan beliau disenaraikan sebagai '10 Pemimpin Kristian Paling Berpengaruh Dunia' 2009 dan 2010 oleh majalah Kristian popular Rusia In Victory dan agensi berita Christian Telegraph, atas dakwah siaran TV beliau yang berkuasa dan dakwah paderi gereja luar negara yang berkesan.

Setakat bulan September 2013, Gereja Besar Manmin mempunyai ahli seramai 120,000 orang. Terdapat 10,000 cawangan gereja di dalam dan luar negara di seluruh dunia termasuk 56 cawangan gereja tempatan, dan setakat ini lebih 129 misi mubaligh telah dihantar ke 23 negara, termasuklah Amerika Syarikat, Rusia, Jerman, Kanada, Jepun, China, Perancis, India, Kenya dan banyak lagi.

Pada tarikh buku ini diterbitkan, Dr. Lee telah menulis 85 buah buku, termasuklah yang mendapat sambutan hangat seperti Tasting Eternal Life Before Death, My Life My Faith I & II, The Message of the Cross, The Measure of Faith, Heaven I & II, Hell, Awaken, Israel! dan The Power of God. Hasil kerjanya telah diterjemahkan ke lebih 75 bahasa.

Penulisan kolum Kristiannya diterbitkan dalam The Hankook Ilbo, The JoongAng Daily, The Chosun Ilbo, The Dong-A Ilbo, The Munhwa Ilbo, The Seoul Shinmun, The Kyunghyang Shinmun, The Korea Economic Daily, The Korea Herald, The Shisa News, dan The Christian Press.

Dr. Lee kini merupakan pemimpin banyak organisasi dan persatuan Kristian. Kedudukan ini termasuklah: Pengerusi, Gereja Penyatuan Suci Yesus Kristus; Presiden, Misi Dunia Manmin; Presiden Tetap, Persatuan Misi Kebangkitan Kristian Dunia; Pengasas & Pengerusi Lembaga, Global Christian Network (GCN); Pengasas & Pengerusi Lembaga, Jaringan Doktor Kristian Sedunia (WCDN); dan Pengasas & Pengerusi Lembaga, Seminari Antarabangsa Manmin (MIS).

Buku-buku lain yang hebat dari penulis yang sama

Syurga I & II

Jemputan ke Bandar Suci Yerusalem Baru, yang mana 12 pintu pagarnya diperbuat daripada mutiara yang bergemerlapan, di tengah-tengah Syurga yang luas dan bersinar seperti permata berharga.

Tujuh Gereja

Mesej Tuhan untuk membangkitkan orang Kristian dan gereja daripada tidur rohani, yang dihantar ke tujuh gereja yang dicatatkan dalam Wahyu bab 2 dan 3, yang merujuk kepada semua gereja Tuhan

Neraka

Mesej kepada semua manusia daripada Tuhan, yang tidak mahu walau satu jiwa pun masuk ke Neraka! Anda akan mengetahui perkara yang tidak pernah diterangkan di mana-mana sebelum ini tentang penderitaan di Neraka.

Hidup Saya Iman Saya I & II

Aroma kerohanian paling harum yang diambil daripada kehidupan yang mencintai Tuhan, di tengah-tengah gelombang gelap, cabaran dan penderitaan hebat.

Ukuran Iman

Apakah tempat tinggal, mahkota dan ganjaran yang disediakan untuk anda di syurga? Buku ini memberikan kebijaksanaan dan bimbingan untuk anda mengukur tahap iman dan memupuk iman yang terbaik dan matang.

www.urimbooks.com

www.ingramcontent.com/pod-product-compliance
Lightning Source LLC
LaVergne TN
LVHW021826060526
838201LV00058B/3531